TÖRJ ELŐRE BÖJTÖLÉSSEL

GYORSÍTSD FEL SZELLEMI ÉLETEDET BÖJTÖLÉSSEL

979-8-89314-011-8 (paperback)
979-8-89314-012-5 (ebook)

TARTALOMJEGYZÉK

Bevezető:

TÖRJ ELŐRE BÖJTÖLÉSSEL

> „Te pedig, ha böjtölsz, kend meg a fejedet, és
> mosd meg az arcodat."
>
> Máté 6:17

Emberi testünket Isten úgy alkotta meg, hogy képes legyen böjtölni. Tudtad, hogy amikor alszol, akkor böjtölsz? Ezért nevezik a nap első étkezését angolul breakfast-nek, mert ekkor törjük meg a böjtöt (ford. megjegyzése: break – törni, fast – böjt). Tudományos kutatások bizonyítják, hogy a böjt során a szervezetünkben rengeteg javítási és helyreállítási folyamat zajlik. Szóval a jó hír az, hogy tudtodon kívül már egész életedben bizonyos értelemben böjtöltél. Ezért meghívlak, hogy lépjünk egy újabb szintre, ami túlmutat azon a nyolc órás böjtön, amit alvás közben végzel.

A böjt felgyorsítja a szellemi életedet. Fontos megérteni, hogy a böjt nem éhezés, nem diéta vagy éhségsztrájk. Nem is fogyókúra. A bibliai böjt az a folyamat, amikor kifejezetten azért nem eszünk, hogy helyette Istent keressük. A diéták a fogyásra összpontosítanak, a böjt pedig Istenre irányítja a figyelmünket. Egyébként az sem minősül bibliai böjtölésnek,

V

hogy kikapcsolod a közösségi médiát vagy megtartóztatod magad a kávétól vagy édességektől, habár ezek a lépések hasznosak a böjt során. A Biblia szerinti böjt az, amikor mellőzzük az ételt Isten keresése céljából.

Igen, jól olvastad, amikor szellemi okokból NEM eszel.

Tudom, hogy most ezt gondolod: Vlad, te megőrültél. Van épeszű ember, aki ilyet tenne? Nos, valójában sok figyelemre méltó bibliai személy böjtölt: Mózes, Dávid, Illés, Eszter, Dániel, Anna és Pál, csak hogy néhányat megemlítsünk. Még a mi Urunk Jézus is böjtölt, valójában csak böjtölés után kezdte el a szolgálatát. Amikor Jézus tanította a tanítványait a böjtölésről, ezt mondta: „amikor böjtölsz", nem pedig „ha böjtölsz" (Máté 6:16). Feltételezte, hogy a normális hívő életünk részeként mi is tudatosan böjtölni fogunk.

A böjtölés nem szórakoztató a test számára, az biztos. Ennek ellenére a böjt hihetetlenül erős fegyver, amely képes felgyorsítani a szellemi folyamatokat az életedben. Én nem ismerek más olyan szellemi gyakorlatot, ami képes lenne annyira megfegyelmezni a testi természetet, mint a böjt. Sok keresztény szellemi életét eltéríti a teste és a lelke. Én is ilyen voltam. Az igazság az, hogy minél többet tápláljuk az óemberi természetünket, amit Jézus legyőzött, annál több akadályt gördítünk a szellemi fejlődésünk útjába. A böjtölés felszabadítja szellemi életünket. Dominóhatást eredményez az életünk többi területén.

A böjt segít meggyújtani a tüzet, de egyben üzemanyag is a további belobbanásra. Ha mélyebbre akarsz menni Krisztusban, akkor azt kell tenned, amire Krisztus tanított minket – „amikor böjtölsz". Arra bátorítalak, hogy tedd szokásoddá a böjtölést.

Hadd emlékeztesselek egy ígéretre, ami megkönnyíti a böjtölés folyamatát. Jézus így szólt: *„Te pedig, ha böjtölsz, kend meg a fejedet, és mosd meg az arcodat, hogy böjtölésedet ne az emberek lássák, hanem Atyád, aki rejtve van; a te Atyád pedig, aki látja, ami titokban történik, megjutalmaz téged."* (Máté 6:17-18, RÚF)

Bizony így van! Amikor bibliai módon böjtölsz, az Atya nyíltan megjutalmaz téged. Jézus ennek a jutalomnak az ígéretével motivál minket a szellemi fegyelemre. Amikor az indítékunk az, hogy felhívjuk magunkra Atyánk figyelmét, vagy engedelmeskedjünk a Szent Szellem vezetésének, akkor azért jutalom jár. Engedjük meg, hogy ez az igazság belénk ivódjon.

Isten megjutalmazza a böjtölésedet. Hidd el ezt az igazságot. Amikor böjtölünk, az étkezést mindenképpen Isten igéjének olvasásával kell helyettesítenünk. De Isten akkor is megjutalmaz, ha nem olvasol többet a Szentírásból, mint amennyit általában szoktál olvasni. Isten akkor is megjutalmaz téged, ha nem imádkozol többet, mint általában szoktál. A böjt mélyebb imaéletre és Isten Igéje iránti nagyobb éhségre fog vezetni, Isten azonban már a puszta böjtölésért is jutalmat ígér nekünk. Régebben azt gondoltam, hogy Isten jutalma az, hogy a böjt során szellemileg megtisztít minket. Ebben van némi igazság, egyszerűen azért, mert a legtöbb munka, amit Isten végez a böjtünk során, az tényleg a bensőnkben történik. Ám Jézus maga mondta, hogy a Mennyei Atya nyíltan fog minket megjutalmazni, nem csak titokban.

Ezért adtam a könyvnek a „Törj előre böjtöléssel" címet. Hiszem, hogy a böjt által gyorsabban haladhatsz előre Isten tervei és céljai felé. Amikor böjtölsz, akkor valójában nem többet, hanem kevesebbet kell tenned (mert nem eszel). Felpörgeti a kapcsolatodat Istennel.

Tehát ne félj elkezdeni a böjtöt. Isten jutalmat ígért neked, és ezt meg is fogja adni. Isten szeretne feléleszteni téged, és neked csak be kell indítanod ezt a folyamatot. Mielőtt elkezded a böjtöt, szilárdan határozd el, hogy végigviszed.

Nagyon fontos, hogy mielőtt bármilyen böjtbe belevágnál, beszélj kezelőorvosoddal, főleg akkor, ha van bármilyen betegséged. Nem vagyok sem orvos, sem egészségügyi szakember. Ezért ez a könyv nem orvosi kiadvány. Légy bölcs és józan. Ha valamilyen egészségügyi problémád van, mindenféleképp konzultálj orvossal. Fontos, hogy az Úr vezessen minket. Arra sem akarlak kényszeríteni, hogy 21 napos böjtöt tarts, pusztán arra bátorítalak, hogy kezdj bele egy bibliai gyakorlatba.

A következő fontos lépés, hogy eldöntsd, hány napig fogsz böjtölni és milyen típusú böjtöt kellene tartanod, valamint hogyan készülj fel rá. Ehhez kérlek, olvasd el *A böjt ABC-je című* következő részt.

A BÖJT ABC-JE

Mi a böjt?

A bibliai böjt nem éhezés vagy az ételtől való kényszerű tartózkodás: az ételektől való tartózkodás szellemi okokból történik. A böjt nem éhségsztrájk és nem diéta, hiszen a diéta célja a fogyás. A böjt szellemi gyakorlat, amely közelebb visz Istenhez. A böjt segít megtalálni a beteljesedést Isten életedre vonatkozó elhívásában, valamint legyőzni a testet minden gyengeségével együtt. Különböző okokból böjtölhetsz, például azért, hogy legyőzd a próbákat és kihívásokat, vagy hogy visszanyerd az Isten iránti éhségedet és szenvedélyedet.

A böjt fajtái

Különböző típusú böjtöket ismerünk. Van az **abszolút** böjt, amikor étel és víz nélkül böjtölünk, amit néha száraz-böjtnek is neveznek. Mózes 40 napig böjtölt ilyen módon, és ez természetfeletti volt (2Mózes 34:28). Ninive városa három napig böjtölt így (Jónás 3:7), valamint Pál apostol is így böjtölt az Úrral való találkozása után (ApCsel 9:9). Vigyázat! Ezt NEM szabad három napnál tovább végezni, és csak akkor szabad ezt választani, ha az Úr egyértelmű utasítása ez, és jó egészségnek örvendünk. Egy következő fajtája a böjtnek, az **általános** vagy teljes böjt. Ilyenkor nem eszel, és csak vizet iszol. Jézus így böjtölt 40 napig. A Biblia azt mondja, hogy nem evett semmit, de azt nem említi, hogy nem ivott semmit:

1

„...negyven napon át kísértette az ördög. Nem evett semmit azokban a napokban, de azok elmúltával megéhezett". (Lukács 4:2). Általában, ha egy bibliai személy nem ivott semmit a böjtje alatt, a Szentírás említést tesz erről.

A **részleges** böjt, amelyet általában dánieli böjtnek is neveznek, azt jelenti, hogy tartózkodsz bizonyos ételektől. Ez a böjt általában azt jelenti, hogy nem eszel húst, édességet, tejtermékeket vagy más kellemes ételeket – csak levest, gyümölcsöket és zöldségeket. Ez a böjt Dániel próféta után kapta a nevét: „Ízletes ételt nem ettem, húst és bort nem vettem a számba, olajjal sem kentem meg magamat, míg el nem telt a három hét" (Dániel 10:3). Számomra ez a legnehezebb böjt. Azt hiszem, hét napnál többet még soha nem böjtöltem így, mert nem szeretek egyszerre böjtölni és közben az étkezésekre gondolni. Ráadásul sokkal nehezebb kihívásnak találom azt, hogy egy teljes étkezést elfogyasztok, miközben továbbra is éhes maradok.

A böjt utolsó típusa a **közösségi** böjt. Amikor egyedül böjtölsz, azt ne verd nagydobra, titokban kell végezni, mivel Jézus a Máté 6:16-ban így utasít minket. Létezik azonban általános böjt is, amelyet a vezetők hirdetnek meg. Találunk erre néhány bibliai példát, például amikor Sámuel próféta böjtre hívott egy egész népet (1Sámuel 7:6); amikor Eszter böjtre hívta a zsidó népet (Eszter 4:16); amikor Ezsdrás böjtöt hirdetett (Ezsdrás 8:21-23); amikor Ninive pogány királya böjtöt hirdetett a népének (Jónás 3:5); és amikor a tanítványok böjtöltek és szolgáltak az Úrnak (ApCsel 13:2-3).

Emlékeztetőül írom, hogy vizsgáljuk meg a szívünk motivációját – azért böjtöljünk, hogy az Úr figyelmét keltsük fel vele, ne pedig az emberekét.

Hogyan böjtöljünk?

Legyen célod

Bármilyen típusú böjtöt kezdesz el, kell hogy legyen valamilyen okod és célod! Legyen konkrét. Miért böjtölsz? Szeretnél közelebb kerülni Istenhez, és érzékenyebbé válni a szellemvilágra? Szükséged van útmutatásra az életeddel kapcsolatos döntésekben, gyógyulásra, a házasságod helyreállítására, segítségre családi problémákban vagy bölcsességre? Pénzügyi nehézségekkel nézel szembe? Kérj útmutatást a Szent Szellemtől. Döntsd el, hogy miért böjtölsz, és ezt folyamatosan vidd imában az Úr elé a böjt során.

Döntsd el, hogy melyik böjtöt választod

Az, hogy milyen böjtöt választasz, csak rád és az Úrra tartozik. Lehet teljes böjt, amelyben csak folyadékot iszol. Lehet, hogy úgy szeretnél böjtölni, mint Dániel, aki tartózkodott az édességektől és a húsoktól, és az egyetlen folyadék, amit ivott, a víz volt. Figyelj arra, hogy a Szent Szellem hogyan vezet téged és tedd meg.

Döntsd el, hogy mennyi ideig akarsz böjtölni

Fontos, hogy előre döntsd el azt is, hogy mennyi ideig fogsz böjtölni. Ne feledd, hogy te és az Úr döntitek el, hogy meddig böjtölsz. Ha mások főznek rád, vagy másokkal együtt étkezel, akkor légy figyelmes és tájékoztasd őket a böjtölési terveidről. A legtöbb ember képes 1-3 napot böjtölni, de lehet, hogy érzed Isten kegyelmét és hívását, hogy hosszabb ideig, akár 21-40 napig is böjtölj. Légy józan, és imádkozz útmutatásért. A kezdőknek azt tanácsolom, hogy rövidebb böjttel indítsanak.

Tervezz előre

Válassz olyan napokat, amelyek megfelelnek az időbeosztásodnak, és vedd figyelembe, hogy valószínűleg nagyon fáradtnak fogod magad érezni. Amikor böjtölsz, a szervezeted kiüríti a méreganyagokat a szervezetedből. Ez enyhe kellemetlenségeket, például fejfájást és ingerlékenységet okozhat a koffein és cukor megvonása miatt. És természetesen éhségérzeted is lesz. Az éhség minden böjt általános mellékhatása. Ha vizet sem iszol, még éhesebbnek érezheted magad, mivel a víz fokozza a jóllakottság érzését. Ha nem eszel ételt és nem iszol vizet, a szervezeted sóvárogni kezd az üzemanyag után. Valószínűleg fáradtnak és gyengének fogod magad érezni, és a szédülés is gyakori érzés. Dávid ezt mondta a böjtjéről: „Térdem rogyadozik a koplalás miatt, testem lefogyott, sovány" (Zsoltárok 109:24).

Egy másik gyakori érzés a böjt alatt az ingerlékenység. Ahogy az éhség fokozódik, biztosan nyűgösnek fogod érezni magad. A hangulatváltozások elég gyakoriak. Emellett, ha fáradt és éhes vagy, nehéz lehet koncentrálni az iskolában vagy a munkahelyen. Próbáld meg korlátozni a tevékenységeidet, légy józan, és mozogj mértékkel. Szánj időt a pihenésre.

Minden nap tölts időt Istennel

Csendesedj el az Úr előtt, elmélkedj az Ő Igéjén, és írd le, mit mond neked. A böjt csodálatos eredményeket hoz. Jézus példáját követed, amikor böjtölsz. Tölts időt dicsőítő zene hallgatásával. Folyamatosan olvasd az igét és elmélkedj rajta. Hagyd, hogy az éhségérzet arra emlékeztessen, hogy megállj és imádkozz, amilyen gyakran csak tudsz a nap folyamán.

Távolodj el a szokásos zavaró tényezőktől, amennyire csak lehet, és keresd Isten arcát szívvel és elmével.

Lassan fejezd be a böjtöt

A szokásos étkezésekhez történő visszatéréshez szükséges idő természetesen attól függ, hogy mitől tartózkodtál és mennyi ideig böjtöltél. Ha csak egy napot böjtöltél, akkor általában nem veszélyes másnaptól folytatni a normál étkezést. Ha három napnál hosszabb ideig tartottál teljes böjtöt, akkor nagyon óvatosan, kis adagokban kell elkezdeni a szilárd ételek fogyasztását. Ha a böjt után túl korán kezdesz el szilárd ételeket fogyasztani és/vagy túlzásba viszed az evést, az rendkívül veszélyes lehet az emésztőrendszeredre nézve.

AZ ERŐ NEM A BÖJTBEN VAN

„Szólott egyszer az Isten, és ezt a két dolgot értettem meg: Istennél van az erő; nálad van, Uram, a szeretet. Te megfizetsz mindenkinek tettei szerint."

Zsoltárok 62:12-13

Életemben először akkor böjtöltem, amikor éppen megérkeztem az Egyesült Államokba Ukrajnából menekült bevándorlóként. A szüleim részt vettek egy gyülekezetalapításban, amely valakinek a nappalijában indult. Minden szerdán böjtöltek, és esténként összegyűltek azon a helyen, imádkoztak azért, hogy Isten áldja meg az új gyülekezetet, amelyet ma Hungry Generation Church (Éhes Generáció Gyülekezet [Washington államban]) néven ismerünk. Már tizennégy évesen is megérintett a lelkipásztorom látása, és úgy döntöttem, hogy csatlakozom a szerdánként böjtölő felnőttekhez.

A heti egyszeri huszonnégy órás böjt gyakorlatát sok éven át folytattam, és évről évre érzékeltem, hogy az Úr egyre inkább betölt engem az ő Szent Szellemével. Amikor a pornófüggőségemmel küzdöttem, a böjt segített abban, hogy a testemet ellenőrzés alá vonjam és felkészítsem magam a szabadulásra, amire nagy szükségem volt. Amikor tizenhat

7

évesen ifjúsági pásztor lettem, továbbra is minden szerdán böjtöltem, azt a napot az Úrnak szenteltem, és az igével és imádsággal töltöttem az időmet. Valójában még az iskolát is kihagytam minden héten ezen a napon, hogy Istennel lehessek. (Jól boldogultam az iskolában, és a hét folyamán később bepótoltam az összes feladatot). Az egyik ilyen szerdán az Úr erőteljesen megérintett, és elhívott a teljes idejű szolgálatra.

A későbbiekben sokat küszködtem a nősüléssel. Volt valamiféle mentális erődítmény vagy átok az elmémben – nem tudtam döntéseket hozni, és mindig megkérdőjeleztem magam. Amikor először randevúztam Lanával, aki aztán a feleségem lett, kifejeztem bizonytalan érzéseimet, majd másnap szakítottam vele. Az elmém maga volt az őskáosz! Néhány héttel a szakítás után a gyülekezetünk januárban huszonegy napos böjtöt tartott, és én is csatlakoztam ehhez a böjthöz. Isten akkor valamitől megszabadította az elmémet. Hogy rövidre fogjam a történetet, minden határozatlanságom megtört és elmúlt: újra felvettem a kapcsolatot Lanával, és nyolc hónappal később összeházasodtunk. Most már több mint tizenegy éve vagyunk házasok, és nagyon áldott ember vagyok! Annyira örülök, hogy abban az évben csatlakoztam a gyülekezeti böjtölő csoporthoz.

Hadd tisztázzam: bár a böjt közelebb visz az áttöréshez és sok előnye van, önmagában nincs benne semmi erő, és nem is termel erőt. Minden erő Istenben van. A böjtön keresztül áramolhat erő, de az nem a böjtből származik. A böjt nem Istent mozgatja meg, hanem minket visz közelebb hozzá.

Ha megnyitod a csapot, és elkezd folyni a víz, semmi sem fog a csészédbe folyni, hacsak nem mozgatod a csészédet közvetlenül a csap alá. Ezt teszi a böjt – közvetlenül Isten kegyelmének és erejének áradásába helyez bennünket. A hit megnyitja a csapot, a böjt pedig eltolja a testet az útból, hogy a szellemünk érzékeny lehessen a Szent Szellemre.

Ima

Istenem, úgy döntök, hogy átadom a testi vágyaimat, hogy közelebb kerüljek hozzád. Segíts, hogy a szükségleteim helyett a Te akaratodra fókuszáljak az életemmel kapcsolatban.

Kérdések elmélkedéshez a mai napra

Igék a mai napra:

„Ezek után hallottam, mintha nagy sokaság hatalmas hangon szólna a mennyben: Halleluja, az üdvösség, a dicsőség és a hatalom a mi Istenünké, ... És hallottam valami nagy sokaság hangját, amely mintha nagy vizek zúgása és erős mennydörgés hangja volna: Halleluja, mert uralkodik az Úr, a mi Istenünk, a Mindenható!"

Jelenések 19: 1, 6

„...és ne vígy minket kísértésbe, de szabadíts meg a gonosztól; mert tied az ország, a hatalom és a dicsőség mindörökké. Ámen."

Máté 6:13

„Mert az Úré a királyi hatalom, ő uralkodik a népeken."

Zsoltárok 22:29

A testünk hozzászokott, hogy rendszeres időközönként fogyasztunk ételt a nap folyamán. A böjt során normális, hogy szédülést, gyengeséget, fejfájást, hányingert stb. tapasztalunk. Ezek a tünetek gyakoriak a hosszabb böjtölés során.

2. NAP

MENJ EL MESSZIRE, HOGY TÜZET TALÁLJ

> „Mózes pedig apósának, Jetrónak, Midján papjának a juhait legeltette. Egyszer a juhokat a pusztán túlra terelte, és eljutott az Isten hegyéhez, a Hórebhez."
>
> 2 Mózes 3:1

2020 decemberében az Úr arra indított, hogy január hónapban huszonegy napos böjtben vezessem a gyülekezetünket. Kicsit megrémültem, mert én személy szerint még soha nem csináltam végig egy teljes huszonegy napos böjtöt. Utoljára tizenegy évvel korábban próbálkoztam böjttel, amikor azok a döntéshozási problémáim voltak. A 17. napon abbahagytam a böjtöt, mert túl gyenge voltam, és elájultam. Néhány egymást követő éjszakán aludni sem tudtam. Ettől nagyon megijedtem és hamarabb abbahagytam a böjtöt, és a következő évek során nem is próbálkoztam újabb huszonegy napos böjtöléssel. Ehelyett hűségesen folytattam minden hónapban a háromnapos böjtömet. Ez kivitelezhetőnek tűnt.

Ám késztetést éreztem, hogy újból elkezdjem, mert úgy éreztem, hogy valami változás készül az életemben és a szolgálatomban. De az elmém olyan volt, mintha valamiféle elektromos kerítés vette volna körül, amiben jól és komfortosan éreztem magam. Féltem hosszú távú böjtbe fogni, mert azt hittem, hogy életveszélyes lehet és meghalok. Az előbb említett, tizenegy évvel ezelőtti negatív testi élmény miatt kialakult bennem az az elképzelés, hogy a hosszan tartó böjt veszélyes és bele is halhatok. Tudtam, hogy az Úr arra hív, hogy hagyjam magam mögött félelmeim kerítését, és lépjek ki a megszokott és biztonságos komfortzónámból.

Mózes története jutott eszembe. Miközben Egyiptom dicsőségét és kényelmét élvezte, megindította őt népének szenvedése. Megpróbálta saját erejéből megszabadítani Izraelt, és megölt egy egyiptomit, aminek következtében felkerült a fáraó „legkeresettebb bűnözőinek" listájára. Ahelyett, hogy felszabadította volna Izraelt, bajba került. Megégette magát, amikor a saját erejéből próbálta elvégezni Isten munkáját, és futhatott az életéért. Ezután megnősült, munkát vállalt, gyerekei születtek, és letelepedett, hogy nyugodt és normális életet éljen.

De valami hiányzott. Ennél sokkal többre született. Isten nem egyszerűen azért mentette meg csecsemőként a krokodiloktól, hogy a sivatagban éljen és dolgozzon. Isten nem azért engedte meg, hogy a palotában alapos képzésben részesítsék, hogy aztán birkákkal kóboroljon. Talán te is olyan vagy, mint Mózes: kiégtél az Isten iránti szolgálatodban. Tudod, hogy ennél többre kaptál elhívást, de úgy érzed, megrekedtél az életben. Talán belefáradtál abba, hogy unos-untalan ugyanazt a hegyet kerülgeted. Tisztában vagy azzal, hogy van célod, de tétlenséggel pazarolod el az életedet!

Mózes számára minden megváltozott, amikor valami mást tett és letért a megszokott ösvényről. Egy átlagosnak induló napon Mózes úgy döntött, hogy elmegy a „pusztán túlra". Ez kívül esett a rutinján, a számára megszokott kereteken. Messze túlment azon, ami a jól ismert közeg volt, és ott találkozott a tűzzel – egy égő csipkebokorral. Mózes aznap az Úrral találkozott. Bizonytalanságai lelepleződtek, feltárult számára az elhívása, és Isten ereje felszabadult az életében, amely egy szempillantás alatt és örökre megváltozott.

Az égő csipkebokor lett a fordulópont Mózes és Izrael számára. A csalódást, hogy nem tudta politikai befolyásával megszabadítani Izraelt, felváltotta az isteni kinevezés, amely felhatalmazta őt, hogy Isten erejével induljon el a rabszolgasorba taszított nép megszabadítására. Isten megoldása a kiégett hívők számára az „égő csipkebokor". Az égő csipkebokor lángra lobbantja a kiégett lelkeket Istenért. Viszont van egy fontos tény: az égő csipkebokor mindig a rutinon, a megszokott, a normális és a kiszámítható élethelyzeteken kívül található. Csak ott találod meg a Szent Szellem mindent felemésztő tüzét, amely előrevisz.

Át kell másznod félelmeid kerítésén. Ki kell lépned a megszokásból és a rutinból. Menj tovább a megszokottnál. Meg fogsz lepődni, mi vár ott rád. Találkozást, tüzet, égő csipkebokrot, isteni elhívást és felhatalmazást fogsz találni. Ez történt Mózessel, és ez fog történni veled is!

Menj el messzire, hogy új tüzet találj.

Ima

Mennyei Atyám, köszönöm hogy elhívtál engem. Segíts, hogy át tudjak adni Neked minden félelmet és korlátot, amely megakadályoz abban, hogy szorosabb kapcsolatban járhassak Veled. Ma úgy döntök, hogy keresni foglak Téged. Megadom magam és megengedem, hogy oda vigyél, ahová nem szívesen megyek, hogy megismerjelek Téged, és hogy másokat is hozzád vezethessek, hogy megmeneküljenek.

Kérdések elmélkedéshez a mai napra

Érzésed szerint Isten milyen korlátokat akar összetörni az életedben vagy az elmédben a böjt során?

Igék a mai napra:

„Mert az Úr, a te Istened emésztő tűz, féltőn szerető Isten!"

5Mózes 4:24

„Mert a mi Istenünk emésztő tűz."

Zsidók 12:29

„János így válaszolt mindenkinek: Én vízzel keresztellek titeket, de eljön az, aki erősebb nálam, és én arra sem vagyok méltó, hogy saruja szíját megoldjam: Ő majd Szent Szellemmel és tűzzel keresztel titeket."

Lukács 3:16

„A szeleket tette követeivé, a lángoló tüzet szolgájává."

Zsoltárok 104:4

„…a szolgálatkészségben fáradhatatlanok, a Szellemben buzgók: az Úrnak szolgáljatok."

Róma 12:11

„Az oltáron levő tüzet azonban tartsák égve: nem szabad kialudnia! Rakja meg fával a pap minden reggel, helyezze fel rá sorjában az égőáldozatot, és füstölögtesse el rajta a békeáldozat kövérjét!"

3Mózes 6:5

„Tudok cselekedeteidről, hogy nem vagy sem hideg, sem forró. Bárcsak hideg volnál, vagy

17

forró! Így mivel langyos vagy, és sem forró, sem pedig hideg: kiköplek a számból. Mivel ezt mondod: Gazdag vagyok, meggazdagodtam, és nincs szükségem semmire; de nem tudod, hogy te vagy a nyomorult, a szánalmas és a szegény, a vak és a mezítelen: tanácsolom neked, végy tőlem tűzben izzított aranyat, hogy meggazdagodj, és fehér ruhát, hogy felöltözz, és ne lássék szégyenletes mezítelenséged; és végy gyógyító írt, hogy bekend a szemed, és láss. Akit én szeretek, megfeddem és megfenyítem: igyekezz tehát, és térj meg! Íme, az ajtó előtt állok, és zörgetek: ha valaki meghallja a hangomat, és kinyitja az ajtót, bemegyek ahhoz, és vele vacsorálok, ő pedig énvelem."

Jelenések 3:15-20

Ez az a szakasz, amikor
a tested átáll böjti
üzemmódra, és sokak
számára ez a böjt
legnehezebb része. Ez
az a szakasz, amikor
elkezded erőteljesen
érezni az éhséget, amint
kihagyod a szokásos
étkezéseket.[1]

3. NAP

A SZENT SZELLEM ÁLTAL IRÁNYÍTOTT BÖJT

„Ha ezt mondod: Járuljatok színem elé, szívem így válaszol: Színed elé járulok, Uram!"

Zsoltárok 27:8

A gyülekezetünk huszonegy napos böjtjének hatodik napján éppen Kaliforniában voltam, ahol egy barátom, David Diga Hernandez gyülekezetében prédikáltam egy reggeli alkalmon. Az esti istentiszteleten Benny Hinn pásztor prédikált, és a dicsőítés ideje alatt erős késztetést éreztem, hogy a huszonegy napos böjtömet negyven naposra bővítsem ki. Az első gondolatom az volt, hogy ez még csak a hatodik nap, először el kellene jutnom a huszonegyedik napig, mielőtt rászánom magam a negyven napos böjtre.

A Szent Szellem a szívemre helyezte azt az igeszakaszt, amelyben Jézus negyven napos böjttel megkezdte a szolgálatát. A böjt után „elhagyta őt az ördög, és íme, angyalok mentek oda, és szolgáltak neki" (Máté 4:11), és „Jézus a Szellem erejével visszatért Galileába, és elterjedt a híre az egész környéken" (Lukács 4:14). Ez egyike volt azoknak az alkalmaknak, amikor szilárdan tudtam, hogy a Szent Szellem arra hív, hogy menjek „messze a pusztába", és kövessem az Úr példáját. Ha Jézus nem kezdte el a szolgálatát böjt nélkül, akkor ki vagyok én, hogy egy hosszabb böjti időszak nélkül haladjak előre a főállású

21

szolgálatban? Ha azután a negyven napos böjt után Jézus erővel tért vissza, akkor az Ő példájából fakadóan ígéretünk van arra, hogy egy hosszabb böjti időszak után néhány démon távozik, angyalok jönnek, és mi is erővel térünk vissza.

„A démonok el fognak menni" azt jelentette számomra, hogy Isten meg fog szabadítani olyan akadályoktól, amelyeknek nem kellene ott lenniük a szolgálatomban. Az „angyalok jönnek" azt ígérte, hogy isteni kapcsolódások fognak kialakulni. A „hatalommal és erővel visszatérni" kifejezés pedig azt sugalmazta, hogy Isten ereje nagyobb mértékben lesz jelen a szolgálatban.

A térdeimen voltam, amikor Isten mindezt elmondta nekem. Felálltam, könnyek gördültek le az arcomon, és nagyon komoly arccal így szóltam a feleségemhez: „negyven napig fogok böjtölni". Ő is érzékelte, hogy valami történt velem.

Valójában lehet a Szent Szellem vezetése nélkül is böjtölni, hiszen a böjt része annak, hogy Jézus Krisztus tanítványai vagyunk. Jézust követni és az Ő tanítványának lenni azt jelenti, hogy meghalunk önmagunknak – és a böjt segít ebben. Megválaszthatod a böjt módját és időpontját, de teljesen más az, amikor Isten maga választja ki neked személyre szabottan a böjtöt. Ahogy Ézsaiás próféta mondta: „Ilyen az a böjt, amely nekem tetszik?... azt nevezed böjtnek és az Úr kedves napjának?" (Ézsaiás 58:5). Amikor Isten böjtre hív, engedelmeskedj neki. A Szent Szellem vezette Jézust is egy hosszan tartó böjtre, és Ő vezette Jézust a pusztába is (Máté 4:1).

Amikor a Szent Szellem böjtölésre indít, Ő gondoskodik majd az erőről is, hogy végig tudd csinálni, nem számít, hogy mennyi ideig tart.

Ima

Szent Szellem, miközben ezeket a napokat böjtben és imádságban Neked szentelem, kérlek hogy törd össze az elmémen lévő összes akadályt. Vigyél engem olyan mélyre és olyan messzire, amennyire csak akarod. Segíts, hogy ne korlátozzalak Téged vagy a velem kapcsolatos terveidet. Erősíts meg engem, miközben tanullak követni Téged ezen a böjtön keresztül.

Kérdések elmélkedéshez a mai napra

Mit érzel, mit üzen ma neked a Szent Szellem?

Igék a mai napra:

„Ha ezt mondod: Járuljatok színem elé, szívem
így válaszol: Színed elé járulok, Uram!"

Zsoltárok 27:8

„Vigyél engem magaddal, fussunk, vezess a
szobádba, királyom! Ujjongva örüljünk veled,
emlegessük bornál is jobb szerelmedet, mél-
tán szeretnek téged!"

Énekek éneke 1:4

„Akkor elvitte Jézust a Szent Szellem a pusztá-
ba, hogy megkísértse az ördög."

Máté 4:1

„Ilyen az a böjt, amely nekem tetszik? Ilyen
az a nap, melyen az ember a lelkét gyötri? Ha
lehajtja fejét, mint a káka, zsákruhát ölt, és ha-
mut szór maga alá, azt nevezed böjtnek és az
Úr kedves napjának?"

Ézsaiás 58:5

Ha időről időre rád tör az éhség, igyál egy pohár vizet és pihenj. A szokásos étkezéseid ideje alatt pedig olvass Igét, hogy a szellemed felül tudjon kerekedni a testeden a gyengeség pillanataiban.

A BÖJT SOKKAL INKÁBB MENTÁLIS, NEM ANNYIRA TESTI KIHÍVÁS

„Ne félj, Dániel, mert az első naptól fogva, hogy rászántad magad a dolgok megértésére, megalázkodva Istened előtt, meghallotta szavadat Isten, és én a te szavaid miatt jöttem."

Dániel 10:12

Negyven napos böjtöm közepén Ukrajnába utaztam, hogy az egyik gyülekezetben prédikáljak. Csak azért egyeztem ebbe bele, mert a pásztorom azt mondta, hogy meg kell tennem. Nem sokkal korábban teljesített egy negyven napos böjtöt, és bíztam a bölcsességében. Valaki még első osztályú jegyekkel is megajándékozott minket az ukrajnai repülőútra. Ez volt az első alkalom, amikor első osztályon repültem nemzetközi járaton – teljesen más élmény, mint a normál repülés. Volt ágyam, párnám és takaróm. Egy légiutas-kísérő megkérdezte, mit akarunk rendelni vacsorára. Nos, a feleségem nem böjtölt, így rendelt egy finom ételt. Közvetlenül mellettem ült. Hogy az az étel milyen jól nézett ki! Nem voltam éhes, de kínzó érzés volt tudni, hogy ilyen finomságokat ehettem volna.

Húsz év után először utaztam Ukrajnába, és első osztályon repültem. Zakatoltak a gondolatok a fejemben: csak három napra függeszd fel a böjtöt. Élvezd az életet, majd az utazás után folytasd a böjtöt. Tudtam, hogy ez csakis az ördögtől lehet, mert ha egy húsz napos böjtöt azzal az étellel szakítottam volna meg, akkor azonnal rosszul lettem volna, komoly gyomorbántalmat okozhattam volna magamnak, de akár még halálos is kimenetele is lehetett volna a tettemnek. Ráadásul már a böjt felén is túl voltam.

Azon a napon nagyon gyorsan megtanultam valamit: a böjt sokkal inkább mentális, nem annyira testi kihívás. Valójában a böjt felfedi, mennyire vagyunk gyengék szellemileg. Általában a böjt első napjai fizikailag kellemetlenek, fejfájással, fáradtsággal, hangulati ingadozásokkal stb. telnek, de utána már simán megy.

Volt egy bibliavers, amit nem értettem meg mindaddig, amíg magam is meg nem tapasztaltam: „*Miután negyven nap és negyven éjjel böjtölt, végül megéhezett*" (Máté 4:2). Azt írja, hogy Jézus a negyven napos böjt után megéhezett. Régebben, amikor ezt olvastam, arra gondoltam, hogy valami hiba lehet itt, mert én már negyven perc koplalás után éhes leszek. Nos, ennek talán az volt az oka, hogy Jézus annyira bűntelen volt, hogy nem éhezett meg olyasmire, amivel mi, halandók kísértésbe esünk. De azt is tudjuk, hogy Jézus 100%-ban Isten és 100%-ban ember volt. Jézusnak ugyanazok voltak a fizikai szükségletei, mint nekünk. Negyven nap után megéhezett. Én ugyanezt tapasztaltam közvetlenül azt követően, amikor a negyven napos böjt mellett elköteleztem magam. Nem, nem vagyok olyan, mint Jézus – közel sem.

Érdekes, hogy amikor Jézus éhesnek érezte magát, akkor kísértette meg étellel a sátán. Ez volt az Úr első kísértése a pusztában. Őszintén hiszem, hogy ez történik a böjt során. Az ellenség játékokat fog játszani az elméddel, hogy abbahagyd a böjtöt, még akkor is, ha fizikailag nem vagy éhes. A böjtölés során a kísértés nagy része a fejünkben történik, nem a hasunkban, vagyis lelki, nem pedig testi. Ez nem jelenti azt, hogy nincs testi nehézség, amikor böjtölsz, de a lényeg az, hogy a böjt legtöbbször nagyobb kihívást jelent az elmédnek, mint a gyomrodnak.

Valójában ezt látjuk Dánielnél is. Isten látta Dánielt, amikor megalázta magát, ami az eredeti héberben a böjt másik szava. Az első naptól fogva, amikor a szívét odaszánta a böjtölésre, Isten már válaszolt kérésére.

Szeretnék megosztani veled egy titkot a böjt befejezéséről. Már a böjt megkezdése előtt szilárdan döntsd el, hogy végigviszed. Valahányszor azzal a gondolattal kezdem a böjtöt, hogy „majd meglátom, hogy boldogulok vele", soha nem sikerül teljesítenem. Az ilyen gondolatok nyitott ajtót jelentenek a kísértés számára, hogy kicsalogassanak abból, amire Isten elhívott. Amint elhatározod, hogy böjtölsz, rájössz milyen erő van a gondolatokban. Isten válaszol majd ezekre. Legyőzheted az evés mentális kísértését, ha elhatározod, hogy teljesíted a vállalásodat.

Ha olyan vészhelyzet adódna, ami miatt kénytelen vagy feladni, ne érezz bűntudatot, ha nem tudod befejezni a böjtöt. Mindazonáltal, ha megszületett benned az elhatározás, akkor Isten elszántságot ad ahhoz, hogy végig is vidd. Amint teljesíted a böjtöt, az elméd tisztábbá válik, és az akaraterőd megerősödik. Az ördög megpróbálja összezavarni a fejedet a böjt során. Szegülj vele szembe az ige fegyverével.

Hozd meg a döntésedet! Aztán ragaszkodj a böjtölésre vonatkozó döntésedhez. Egészítsd ki elszántsággal azt a döntést, hogy befejezed a böjtöt. Ha érdemes elkezdeni, akkor végigvinni is érdemes!

Ima

Istenem, köszönöm a vágyat, amit létrehoztál bennem a böjtölés iránt. Imádkozom: segíts nekem, hogy erős maradjak a döntésemben, hogy meghaljak önmagamnak a böjtölés során. Szent Szellem, imádkozom a Te kegyelmedért, természetfeletti erődért és éleslátásért az elmémben.

Igék a mai napra:

„Ne félj, Dániel, mert az első naptól fogva, hogy rászántad magad a dolgok megértésére, megalázkodva Istened előtt, meghallotta szavadat Isten, és én a te szavaid miatt jöttem."

Dániel 10:12

„Ha tehát feltámadtatok Krisztussal, azokat keressétek, amik odafent vannak, ahol Krisztus van, aki Isten jobbján ül. Az odafennvalókkal *törődjetek, ne a földiekkel!"*

Kolossé 3:1-2

„Egyébként pedig, testvéreim, ami igaz, ami tisztességes, ami igazságos, ami tiszta, ami szeretetre méltó, ami jó hírű, ha valami nemes és dicséretes, azt vegyétek figyelembe! Mindenre van erőm Krisztusban, aki megerősít engem."

Filippi 4:8, 13

„Kérlek azért titeket, testvéreim, az Isten irgalmasságára, hogy okos istentiszteletként szánjátok oda magatokat élő, szent, Istennek tetsző áldozatul, és ne igazodjatok e világhoz, hanem változzatok meg értelmetek megújulásával, hogy megítélhessétek, mi az Isten akarata, mi az, ami jó, ami neki tetsző és tökéletes."

Róma 12:1-2

„Minden féltve őrzött dolognál jobban óvd szívedet, mert onnan indul ki az élet!"

Példabeszédek 4:23

31

Általában a böjt 3-5. napja között a szervezet felfogja, hogy nem jut táplálékhoz, és abbahagyja az emésztőnedvek termelését, hogy energiát tartalékoljon. Ezen a ponton túl egy pár napig lehet, hogy nem is fogsz éhséget érezni.

AZ EVÉS MINT VIGASZTALÓDÁS

„Szombatok szombatja ez néktek, sanyargassátok meg azért magatokat (böjtöljetek); örökkévaló rendtartás ez."

3Mózes 16:31

A böjt felfedi azt az egészségtelen kapcsolatot, amely az ételekhez köt minket. A jó étel boldoggá teszi az embereket, ezért gyakran evéssel csillapítjuk negatív érzelmeinket vagy unalmunkat. Amikor böjtölsz, kénytelen vagy új módon kezelni ezeket a mérgező érzelmeket olyan módon, hogy a Szent Szellemhez viszed őket ahelyett, hogy hamis vigaszt találnál az ételben. A böjt arra tanít bennünket, hogy érzéseinket az Atyával osszuk meg, ne pedig a hűtővel vagy az éléskamrával.

Az étel Isten ajándéka. Pál ezt mondja a Timóteushoz írt első levelében: „Mert Isten minden teremtménye jó, és semmi sem elvetendő, ha hálaadással élnek vele" (1Timóteus 4:4). De Isten sosem érzelmi problémáink orvoslására szánta az ételt. Isten soha nem akarta, hogy az étel a barátod legyen! Az élelmiszert arra teremtette, hogy táplálja a testedet az élethez. Olyan ez, mint a benzin – senki sem esik szerelembe az üzemanyaggal és a benzinkutakkal, bár ezek szükségesek az autó működtetéséhez. Ugyanez igaz az ételre is. Istennel kell szerelembe esnünk, nem a táplálékkal. Örömet és elégedettséget szerezhetünk magunknak a finom ételekkel, de ne feledjük, hogy testünk táplálása a fő céljuk. Amikor az ételt érzelmi örömforrásként vagy a stressz és a szorongás kezelésének módjaként használjuk, bálvánnyá tesszük.

Ráadásul, ha étellel vigasztalod magad, a falánkság bűnébe is eshetsz. A falánkság a túlevés és a túlivás folyamatos cselekedete. Ilyenkor visszaélünk Isten éhségre vonatkozó természetes rendjével, amelynek célja, hogy magadhoz vedd a tested számára szükséges táplálékot. Ezékiel azt mondja, hogy Szodomának ez volt a problémája: „kevélység, eledel bősége és gondtalan békesség" (Ezékiel 16:49). Salamon azt mondja, hogy „a dőzsölő és a falánk elszegényedik" (Példabeszédek 23:21). Tehát a falánkság nem csak a bálványimádás bűne, de szegénységet okoz és elhízáshoz is vezethet, ami számos testi betegség forrása lehet.

Isten megparancsolta Izraelnek, hogy évente egyszer, az engesztelés napján böjtöljenek. Ennek a böjtnek a parancsa a következő volt: „sanyargassátok meg azért magatokat" (3Mózes 16:31). A böjt a lélek gyötrelme. Érdekesnek találom, hogy nem azt írja, hogy sanyargassátok meg a testeteket, pedig a böjt testi szenvedésnek tűnik. De itt a böjt a lélek gyötrelmére utal (amely az elme, az akarat és az érzelmek központja). A böjt tehát gyötri, alázatra készteti és meggyengíti a lelked uralmát az életed fölött. Nem kell böjtölnünk a szellemünkért, hiszen azt már a Szent Szellem elpecsételte, Jézus áldozata pedig tökéletessé tette. Nem a szellemünk a probléma, hanem a lelkünk.

A böjt segít abban, hogy lelki keresztények helyett szellemi keresztényekké váljunk azáltal, hogy oda helyezzük a lelket, ahová való: a hátsó ülésre. Sok hívő hagyja, hogy a lelke irányítsa az életét a szelleme helyett, de a böjt segít megtörni a lelked uralmát feletted. Ezért van az, hogy amikor böjtölsz, a lelked kiborul: ilyenkor gyakori, hogy nyűgösnek, ingerlékenynek, haszontalannak, kétkedőnek, és mentálisan terheltnek érezd magad, vagy kétségeid támadnak önmagaddal kapcsolatban, de ez teljesen normális – ez a lélek szenvedése. Keményen imádkozz. Ne add fel.

A böjt során nemcsak a fizikai méreganyagok távoznak el, hanem az érzelmi méreganyagok is. Engedd, hogy a Szent Szellem megtisztítson a lelkedben levő mérgező anyagoktól.

TÖRJ ELŐRE BÖJTÖLÉSSEL

Ima

Istenem, köszönöm neked ezt az időt, amikor feltárod a szívem titkait. Bocsásd meg a falánkság vagy a túlivás minden bűnét az életemben, amellyel elhallgattattam az érzelmeimet. Bocsásd meg, hogy bálványommá tettem az ételt azáltal, hogy attól vártam a vigasztalást, pedig inkább hozzád kellett volna fordulnom a problémáimmal. Nem akarok más forrásokhoz rohanni megkönnyebbülésért. Megadom magam Neked. Szent Szellem, kérlek segíts, hogy egyedül Benned találjak vigaszt.

Igék a mai napra:

„Mert Isten minden teremtménye jó, és semmi sem elvetendő, ha hálaadással élnek vele."

1Timóteus 4:4

„Az étel pedig nem visz minket Istenhez közelebb; ha nem eszünk, nem lesz belőle hátrányunk, és ha eszünk, abból sem lesz előnyünk."

1Korinthus 8:8

„Kárhozatra jutnak, a hasuk az istenük, és azzal dicsekszenek, ami a gyalázatuk, mert földi dolgokkal törődnek."

Filippi 3:19

„Ímé, ez volt a vétke Sodomának, a te öcsédnek: kevélység, eledel bősége és gondtalan békesség volt nála és leányainál, de a szűkölködőnek és szegénynek kezét nem fogta meg."

Ezékiel 16:49

„Ne tarts a bor mellett dőzsölőkkel, se a falánk húsevőkkel! Mert a dőzsölő és a falánk elszegényedik, és rongyokba öltöztet a sok alvás."

Példabeszédek 23:20-21

„Szombatok szombatja ez néktek, sanyargassátok meg azért magatokat (böjtöljetek); örökkévaló rendtartás ez."

3Mózes 16:31

A szokatlan bélmozgás és a rossz lehelet két olyan téma, amelyről a legtöbb ember általában nem beszél, de böjtöléskor mindkettővel tisztában kell lenned. A kissé kellemetlen lehelet a böjt minden szakaszában előfordul. Ez teljesen természetes és a méregtelenítési folyamat része.[1]

REPÜLÉS AZ ELSŐ OSZTÁLYON

> „Akkor Jézus ezt mondta tanítványainak: Ha valaki énutánam akar jönni, tagadja meg magát, vegye fel a keresztjét, és kövessen engem!"
>
> Máté 16:24

Mivel gyakran prédikálok máshol, gyakran kell repülőre ülnöm. Sokkal jobban szeretek repülni, mint vezetni. Sokkal gyorsabb, és nem kell ott ülnöm a kormánykerék mögött. Sok igazságot tanultam az Úrról és általában az életről a repülés által. Például egyszer lekéstük a németországi járatunkat Denverben, mert a reptéren iszogattuk a kávét és elvesztettük az időérzékünket. Rohantunk a kapuhoz és végignéztük, amint a gép lassan elindul nélkülünk a kifutópálya felé. Úgy éreztük magunkat, mintha az 'Otthagyottak' című filmben lennénk, vagy mi lennénk az öt bolond szűz. Így vannak az emberek Istennel – eljönnek a templomba (a repülőtérre), de lemaradnak Krisztusról (a repülőgépről), aki elviheti őket a mennybe.

Nemrégiben újabb kinyilatkoztatásom volt. Mint korábban már említettem, első osztályon repülhettem a tengerentúlra a negyven napos böjtöm alatt. Még soha nem repültem első osztályon. Az egész annyira új volt számomra. Más volt az ülés, más volt az étel, más volt a kiszolgálás... őszintén szólva, teljesen más élmény volt. Tiszta őrület – ugyanazon a repülőgépen ültem, ugyanazzal a pilótával, de teljesen más élményben volt részem. Mi volt a különbség az én első osztályú ülésem és a mosdó melletti 57-es ülés között? Az ár! Az első osztályon ülők sokkal többet fizettek a helyükért, mint a turistaosztály utasai.

Lehet, hogy ugyanez a helyzet a kereszténységgel is? Minden keresztény Krisztusban van, de minden keresztény más és más tapasztalatokat él át Vele. Egyes keresztények tele vannak a világgal, mások tele vannak az Igével. Egyes keresztények úgy élnek, hogy megpróbálják felfedezni önmagukat, míg mások azért élnek, hogy felfedezzék Istent; egyesek maguk körül forognak és élvezik az életet, mások megtagadják önmagukat. Vannak, akik nagyon sekélyes életet élnek, míg mások természetfeletti szinteken mozognak. Minden azon múlik, hogy mekkora árat vagy hajlandó fizetni.

De ne feledjük: az üdvösségünket nem tudjuk kiérdemelni azáltal, hogy átadott életet élünk.

Jézus arra hívja azokat, akik távol voltak tőle, hogy higygyenek benne, és azokat, akik hisznek benne, hogy kövessék őt. Ha hiszel Jézusban, akkor feljutsz a repülőgépre, de ha szorosan követed Őt, akkor első osztályú ülésre kerülsz, közelebb Hozzá, a pilótához. A Jézusban való hit a kapu, amely a mennybe juttat minket, de aztán növekednünk kell, hogy az Ő tanítványai lehessünk.

A hívő *odamegy a kereszthez*	A tanítvány *felveszi a keresztet*
A hívő *visszavonul biztonságos helyre*	A tanítvány *vállalja a szenvedést*
A hívő *gyülekezetbe jár*	A tanítvány *maga a gyülekezet*
A hívő *a partvonalról szurkol* ▶	A tanítvány *részt vesz a játékban*
A hívő *olvassa az igét*	A tanítvány *megéli*
A hívő *azon dolgozik, hogy higgyen Jézusban*	A tanítvány *hasonlóvá akar válni Jézushoz*
A hívő *kényelemorientált*	A tanítvány *célorientált és áldozatokat hoz*
A hívő *beszél*	A tanítvány *tanítványokat nevel és példamutatással vezet*

A tanítványok fegyelmezetten élnek. A tanítványokat a hívőktől – többek között – az önmegtagadás különbözteti meg. Ez az a döntés, hogy meghalnak önmaguknak, felveszik a keresztjüket, és követik az Urat. Ez az, ami megkülönbözteti a szellemi turistaosztályú üléseket az első osztályúaktól. A böjt az egyik legjobb módszer, amelyen keresztül megtagadhatjuk önmagunkat és felvehetjük a keresztünket. Amikor megfizeted az árát, először nehéznek és fájdalmasnak tűnik, de szeretnélek biztosítani arról, hogy az önmegtagadás ára mögött az elhívásod ígérete áll – Jézus jelenlétének közelebbi, bensőségesebb megélése, és egy csodálatos barátság vele.

Az az egyik kedvenc időtöltésem a böjt alatt, hogy Isten mártírjainak történeteit olvasom. Inspirálnak a hitük tettei, és az, hogy még az életüket is hajlandóak voltak feláldozni az Úr követéséért.

Rád is vár egy üres hely az első osztályon. Hajlandó vagy megfizetni az árát?

Ima

Istenem, mindennél jobban vágyom egy bensőséges kapcsolatra Veled. Szeretnék mélyebbre menni Veled, ahová mások nem hajlandóak elmenni, és a Te tanítványoddá akarok válni. Segíts, hogy úgy éljek, hogy folyamatosan a szemem előtt tartsam az örökkévalóságot. Kész akarok lenni arra, hogy mindent feladjak ebben az életben, hogy jobban megismerhesselek Téged. Szent Szellem, segíts ebben, adj bátorságot, hogy kövesselek Téged bármi áron.

Igék a mai napra:

„Hanem megsanyargatom és engedelmessé teszem a testemet, hogy amíg másoknak prédikálok, magam ne legyek alkalmatlanná a küzdelemre."

1Korinthus 9:27

„Krisztussal együtt keresztre vagyok feszítve: többé tehát nem én élek, hanem Krisztus él bennem; azt az életet pedig, amelyet most testben élek, az Isten Fiában való hitben élem, aki szeretett engem, és önmagát adta értem. Nem vetem el Isten kegyelmét: mert ha a törvény által van a megigazulás, akkor Krisztus hiába halt meg."

Galata 2:20-21

„Naponként a halállal nézünk szembe, oly igaz ez, testvéreim, mint a veletek való dicsekvésem Krisztus Jézusban, a mi Urunkban."

1Korinthus 15:31

„A kik pedig Krisztuséi, a testet megfeszítették indulataival és kívánságaival együtt. Ha Szellem szerint élünk, Szellem szerint is járjunk."

Galata 5:24-25

„Vessétek le a régi élet szerint való óembert, aki csalárd és gonosz kívánságok miatt megromlott; újuljatok meg lelketekben és elmétekben, öltsétek fel az új embert, aki Isten tetszése szerint valóságos igazságban és szentségben teremtetett" (RÚF)

Efézus 4:22-24

Fizikailag a böjt során hihetetlen tisztító és a szív egészségére gyakorolt jótékony hatás érvényesül. Ahogy az alapanyagcsere-értéked csökken, a vérben lévő zsír elkezd eltűnni, mivel energiaként metabolizálódik. Ez a folyamat elősegíti a szív egészségét, és egyeseknél a HDL-szint növelésével javítja a koleszterinszinteket.[1]

EGY TÁL ÉTEL AZ ÁLDÁSÉRT

„Jákób ekkor adott neki kenyeret és lencsefőzeléket. Ézsau evett, ivott, azután fölkelt, és elment. Ennyire semmibe vette Ézsau az elsőszülöttségi jogot."

iMózes 25:34

Senki sem szereti, ha becsapják. Amikor az iPhone 6-osom leállt, úgy döntöttem, hogy frissítek egy újabb modellre. Mivel szűkös volt az anyagi keretem, elkezdtem keresgélni használt oldalakon, és találtam valakit, aki 140 dollárért árult egy iPhone 7-est. Vadonatúj telefon, és olyan olcsó! Alig tudtam elhinni, ezért elmentem találkozni az illetővel és megvettem a telefont. Megnéztem, de valami gyanús volt. Furcsa volt kézben tartani a telefont, és a szoftver is furcsán nézett ki, ahogy bekapcsoltam. De sürgető vágyam egy új telefon után és a régi lecserélésének a kényszere miatt azt gondoltam, hogy valószínűleg egyszerűen csak túlreagálom. A telefont árusító srác megnyugtatott, hogy a telefont újra lehet telepíteni és úgy fog működni, mintha vadonatúj lenne.

Boldogan mentem haza, izgatottan vártam, hogy új telefonomat használni tudjam. Csak egy probléma volt: a telefon nem működött, nem lehetett vele hívást kezdeményezni, SMS-t küldeni, nem töltött, és nem lehetett törölni vagy visszaállítani a gyári beállításokat. Nem iPhone volt. Hamis telefon volt iPhone borítással. Átvertek egy hamis telefonnal.

140 dollárt fizettem egy ócska kacatért egy haszontalan fém iPhone tokban. Még mindig ott van az irodámban a telefon, hogy emlékeztessen arra, hogy nem minden valódi, ami annak tűnik.

Nem arról van szó, hogy az illető ellopta a 140 dolláromat; hanem arról, hogy az a telefon, amit adott nekem, valójában nem 140 dollárt ért. Ez történt Ézsauval is. Elsőszülöttségi jogát egy tál pörköltre cserélte. Becsapták. Bekapta a csalit, mert a testi szükségleteit fontosabbnak tartotta, mint az örökségét. Abban az időben a „születési jog" garancia volt arra, hogy a legidősebb fiú kétszer annyit örököl majd, mint a többi fiútestvér. De sürgető volt a helyzet, mert Ézsau nagyon megéhezett.

Sokan feladják a szellemi előnyöket a testi nyereségekért, a valóban fontosat a sürgősért. Hiszem, hogy ez történik akkor is, amikor az Úr böjtölésre vezet, de mi ezt megtagadjuk. A testi táplálékot értékesebbnek tartjuk, mint a szellemi áldásokat. Ezeknek a döntéseknek szomorú, kiábrándító vége van: *„Amikor meghallotta Ézsau apja szavait, hangosan és igen keservesen fölkiáltott, és azt mondta apjának: Áldj meg engem is, apám!"* (1Mózes 27:34). Az a leves pillanatnyilag ízletes és megelégítő volt, de az eredmény keserűnek bizonyult. Ézsaunak mindössze aznap kellett volna böjtölnie és kibírnia élelem nélkül. Elsőszülöttségi joga biztosan megillette volna, ha először a böjtöt választja, és későbbre halasztja a táplálkozást.

Érdekelne, hány hívő nem fér hozzá isteni örökségéhez, mert nem hajlandó böjtölni. Testi étvágy hajtja őket, aztán csodálkoznak, miért nincs szellemi éhségük Isten után. Minden alkalommal, amikor Isten böjtölésre készteti őket, figyelmen kívül hagyják, amíg Isten többé nem beszél velük erről. Ha ki akarsz tartani, böjtölnöd kell. Ha el akarod nyerni és ki akarod élvezni szellemi örökségedet, tanuld meg fékezni testi étvágyadat és elviselni az éhséget az Ő kedvéért.

Ézsaunak böjtölnie kellett volna elsőszülöttségi jogának megőrzéséhez. Jákob böjtölt az elsőszülöttségi jog megszerzéséért. Hogyan csinálta? Jákob az étkezését áldásra cserélte. Egy tál ételt cserélt el az elsőszülött áldásra. Ő járt jobban. Remek üzletet kötött. És valóban ez történik, amikor böjtölünk – lemondunk egy tál ételről Isten áldásaiért cserébe. Elcseréljük a fizikait szellemire, az ideiglenest örökkévalóra, a természetest természetfelettire. Felfoghatatlan ez a csere! Kezdetben fájdalmas lehet, mert egy időre le kell mondanunk egy tányér ételről, de az eredmények elképesztőek. Jákób magához ragadta ezt az áldást, és később az Úr ki is árasztotta rá a teljes jóakaratát. Tudjuk jól, hogy mi történt.

Lehet, hogy Jákóbhoz hasonlóan te is úgy érzed, hogy nehezített pályán kell futnod. Alig tapasztalsz valamennyi áldást az életedben. Tanuld meg a böjt művészetét. Fogadd el a megszentelődés életmódját. Add fel a jót, hogy megkapd a legjobbat. Add fel a tál ételedet az áldásért.

Ima

Istenem, köszönöm, hogy segítesz megértenem, mit akarsz adni nekem ezen a böjtön keresztül. Úgy döntök, hogy hűséges maradok testi éhségem közepette, és elcserélem az ideiglenest arra, amiről tudom, hogy örökkévaló. Imádkozom, hogy áraszd ki áldásodat az életemre olyan módon, amit el sem tudok képzelni.

Kérdések elmélkedéshez a mai napra

Milyen áldásokban részesültél már a böjt

Igék a mai napra:

„Jákób ekkor adott neki kenyeret és lencse-főzeléket. Ézsau evett, ivott, azután fölkelt, és elment. Ennyire semmibe vette Ézsau az első-szülöttségi jogot."

1Mózes 25:34

„Mert tudjátok, hogy később, amikor örökölni akarta az áldást, atyja megtagadta tőle, mivel a megtérés útját nem találta meg, noha könnyek között kereste."

Zsidók 12:17

„Amikor meghallotta Ézsau apja szavait, hangosan és igen keservesen fölkiáltott, és azt mondta apjának: Áldj meg engem is, apám!"

1Mózes 27:34

„Jézus így válaszolt neki: Ha tökéletes akarsz lenni, menj el, add el vagyonodat, oszd szét a szegényeknek, és kincsed lesz a mennyben; azután jöjj, és kövess engem! Amikor hallotta az ifjú ezt a beszédet, szomorúan távozott, mert nagy vagyona volt."

Máté 19:21-22

A glükóz a szervezet elsődleges energiaforrása. Ha azonban koplalsz vagy ketózisba kerülsz, a glükóz csak korlátozottan lesz jelen, és a szervezetednek a zsírraktárakhoz kell fordulnia a szükséges energia érdekében. Ezenkívül a felesleges zsír eltávolítása méregtelenítő hatással van a szervezetre.[1]

A BÖJT VALÓJÁBAN LAKOMA

> „Ő így válaszolt: Meg van írva: „Nemcsak kenyérrel él az ember, hanem minden igével, amely Isten szájából származik."
>
> Máté 4:4

Amikor böjtölök, az Úr emlékeztet arra, hogy a testem éhsége pont az, amit a szellemem érez, amikor nem táplálkozom szellemi táplálékkal. Mintha a Szent Szellem ezt mondaná: végre érezheted a testedben, hogy mit érez az igazi belső embered, amikor megfosztják a tápláléktól. Ami a testemnek a szendvics és a marhasült, az a szellememnek a Szentírás. Ami a testemnek a kávé vagy a tea, az a szellememnek a Szent Szellemmel való édes közösség.

Az éhség és a szomjúság az élet normális velejárója, és így van ez a szellemünkkel is – a szellemi éhség és a szomjúság egyaránt természetes, ha van bennünk szellemi élet. Ha valaki nem érez éhséget, az annak a jele, hogy beteg, halott vagy haldoklik. Ez nem normális! Ezért a szellemünk számára az étel és az ital nem szabadon választható lehetőség, hanem létszükséglet. Ez nem csak a szuperkeresztényeknek szól, hanem mindenkinek. Dávid ezt mondta: *„kívánkozik a lelkem hozzád"* (Zsoltárok 42:2). Az Úr Jézus ezt mondta: *„Boldogok, akik éheznek és szomjaznak az igazságra"* (Máté 5:6). A szellemed éhezik és szomjazik, ha nem kap naponta táplálékot. A böjt segít rádöbbenni, hogy mit érez a szellemed, amikor napokig vagy hetekig nem jut szellemi eledelhez.

Az emberiséget az Édenkertben az étellel kísértették meg első ízben. Jézus a pusztában az étellel találkozott első kísértésként. Izrael első kísértése a sivatagban a vízzel és az étellel kapcsolatosan történt. Érdekes, hogy Isten közvetlenül az Egyiptomból való szabadulásuk után böjtölésen vezette át Izraelt. A Szentírás ezt mondja: *„Sanyargatott és éheztetett, de azután mannával táplált, amelyet nem ismertél, és atyáid sem ismertek. Így adta tudtodra, hogy nemcsak kenyérrel él az ember, hanem mindazzal él az ember, ami az Úr szájából származik"* (5Mózes 8:3). Isten hagyta, hogy Izrael éhezzen, hogy az Igével táplálhassa őket. A böjt arra emlékeztette őket, hogy az emberi lét több mint a testük táplálása. Van bennünk egy szellemi rész, amely szintén éhezik, és táplálékra van szüksége. Ez az étel Isten Igéje, és ezért nevezzük Isten Igéjét kenyérnek.

Sajnálatos módon Izrael nem tanulta meg ezt az igazságot a pusztában. Panaszkodtak, ahelyett hogy a szellemüket táplálták volna. Megkérdőjelezték Isten hűségét, pedig az ő ígéreteiből kellett volna lakmározniuk. Nem táplálták lényük legfontosabb részét: a szellemüket. Ezért a böjt számukra egyszerűen elborzasztó és nyomorúságos éhezés volt. Mind a testük, mind a szellemük böjtölt. Pedig amikor a test böjtöl, a szellemnek *lakomáznia* kellene.

Ez nem azt jelenti, hogy csak akkor kell táplálnunk a szellemünket, amikor nem tápláljuk a testünket. De a böjti időszakok azért fontosak, mert van lehetőségünk újraértelmezni, hogy kik is vagyunk valójában. Nem test vagyunk, akinek van szelleme; hanem szellemi lények vagyunk, akiknek van lelkük, és testben élnek. Ha elhanyagoljuk ezt az igazságot, akkor azzal a veszéllyel nézünk szembe, hogy érzékszerveink, érzéseink és érzelmeink irányítanak minket a belső szellemünk helyett – a teológia helyett a biológia uralkodik rajtunk.

Szeretem, ahogyan Jézus a Máté 4:4-ben azt az illusztrációt használta, amikor az ördög megkísértette Izraelt a pusztában. Ugyanazt az igeverset idézte, amely Izrael böjti időszakát írja le, amikor még nem tanultak meg lakomázni Isten Igéjén. A „nem csak kenyérrel él az ember" kifejezés azt jelenti, hogy nem elegendő a testünkkel törődnünk. Péter azt is mondta, hogy szükségünk van szellemi táplálékra: *„mint újszülött csecsemők a hamisítatlan szellemi tejet kívánjátok, hogy azon növekedjetek az üdvösségre, mivel megízleltétek, hogy jóságos az Úr"* (1Péter 2:2-3). Mivel szellemi lények vagyunk, az Isten szájából származó szavakból élünk. Amikor tehát a tested böjtöl, a valódi éned nem böjtöl. Az igazi éned ünnepel, mert az igazi éned a szellemed. Teríts meg lakomára a szellemednek Isten Igéjének fogyasztásával.

Amikor az ördög megkísértette Évát, az egyetlen olyan étellel tette, amelyet Isten megtiltott. A kerti kísértésnek része volt az Isten szava és tekintélye elleni támadás: „És így szólt az asszonyhoz: Csakugyan azt mondta Isten, hogy a kert egyetlen fájáról sem *ehettek?"* (1Mózes 3:1). Ennek a kísértésnek nagyon kevés köze volt az ételhez; ahhoz volt köze, hogy Éva tiszteletben tartotta-e Isten Igéjét.

Az ördög addig nem győzhet le minket, amíg le nem fegyverez bennünket, és erre a legjobb taktikája az, hogy rávesz minket arra, hogy vonjuk kétségbe Isten Igéjét, vagy hagyjuk figyelmen kívül, vagy zárjuk ki az Ő Igéjét az elménkből. Jézus figyelmeztetett minket arra, hogy mi történik, ha figyelmen kívül hagyjuk Isten szavait: *„Mindazokhoz, akik hallják a mennyek országának igéjét, és nem értik, eljön a gonosz, és elragadja azt, ami szívükbe van vetve"* (Máté 13:19). Ádám és Éva azt az utasítást kapta, hogy böjtöljenek, tartóztassák meg önmagukat, és álljanak ellen a jó és a rossz tudásának fáján függő gyümölcsnek. Nem kellett mást tenniük, mint enni az élet fájáról. Mindössze annyit kellett tenniük, hogy táplálkozniuk kellett Isten éltető Igéjéből.

Barátom, a böjt sokkal inkább a szellemi táplálékon való lakmározásról, mint a fizikai tápláléktól való tartózkodásról szól. Nagyon fontos emlékeznünk, hogy szellemi lények vagyunk, akiknek minden nap szükségük van szellemi táplálékra. Ezért ne gondold, hogy böjtölsz, ha egyszerűen tartózkodsz az étkezéstől. Ezt diétának vagy koplalásnak hívják. Az igazi szellemi böjt Isten Szavából való lakmározás, miközben ideiglenesen tartózkodsz a fizikai tápláléktól.

Amikor böjtölsz, cseréld le szokásos étkezési szokásaidat Isten Igéjének olvasására, elmélkedésre, a Szentírás memorizálására és imára. Hagyj fel a szórakozással és a szükségtelen tevékenységekkel, és töltsd fel magad olyan tápláló és bátorító gondolatokkal, amelyek táplálják a szellemedet. Igyál jó nagyokat a Szent Szellem folyóiból.

Ima

Szent Szellem, miközben böjtölök, segíts Beléd szeretni oly módon, amit még nem tapasztaltam. Segíts, hogy táplálkozzam a Szentírásból, és ne csak olvassam azt. Szeretném megtalálni a gazdagságot a te szavadban. Kérlek, keltsd életre számomra a Szentírást. Szeretnék beleszeretni a te Igédbe, és jóízűeket inni élő vized folyójából.

Igék a mai napra:

„A kígyó pedig ravaszabb volt minden vadállatnál, amelyet az Úristen alkotott. Ezt kérdezte az asszonytól: Csakugyan azt mondta Isten, hogy a kert egyetlen fájáról sem ehettek?"

1Mózes 3:1

„Ő így válaszolt: Meg van írva: „Nemcsak kenyérrel él az ember, hanem minden igével, amely Isten szájából származik."

Máté 4:4

„Mert azt mondták nekik Izráel fiai: Bárcsak meghaltunk volna az Úr kezétől Egyiptomban, amikor a húsos fazekak mellett ültünk, és jóllakásig ehettünk kenyeret! Hát azért hoztatok ki bennünket ebbe a pusztába, hogy ezt az egész gyülekezetet éhhalálra juttassátok?"

2Mózes 16:3

„Sanyargatott és éheztetett, de azután mannával táplált, amelyet nem ismertél, és atyáid sem ismertek. Így adta tudtodra, hogy nemcsak kenyérrel él az ember, hanem mindazzal él az ember, ami az Úr szájából származik."

5Mózes 8:3

„Ahogyan a szarvas kívánkozik a folyóvízhez, úgy kívánkozik a lelkem hozzád, Istenem!"

Zsoltárok 42:1-2

„Boldogok, akik éheznek és szomjaznak az igazságra, mert ők megelégíttetnek."

Máté 5:6

„Jézus azt mondta nekik: Én vagyok az élet kenyere: aki énhozzám jön, nem éhezik meg, és aki énbennem hisz, nem szomjazik meg soha."

János 6:35

A böjt első és második szakaszában a szervezeted még mindig üríti a méreganyagokat és a sérült sejteket, valahányszor kimész a mosdóba. Egy béltisztító termék használata segíthet alaposabban megtisztulni és méregteleníteni a szervezetedet.[1]

NEM ÉRTÉK, HANEM SÚLY

„Kérlek azért titeket, testvéreim, az Isten
irgalmasságára, hogy okos istentiszteletként
szánjátok oda magatokat élő, szent, Istennek
tetsző áldozatul."

Róma 12:1

Mielőtt megházasodtam, 65 kiló voltam, és akármit ettem, nem híztam. Valószínűleg a gyors anyagcserém és az általam fenntartott testmozgás volt az oka. A soványság nem jelenti azt, hogy egészséges vagy, de a túlsúly sem tesz jót az egészségednek. A testünk az az eszköz, amellyel Isten akaratát teljesítjük itt, ezen a földön.

Amikor azonban megházasodtam, elkezdtem hízni – sőt, nagyon gyorsan. Egyszer a pásztorom azt mondta, hogy gyorsabban gyarapszik a hasam, mint a szellemem. Ráadásul ezt a feleségemnek mondta. Jaj! Ez nagyon bántott. Aznap este elkezdtem futni, hogy lefogyjak. Elkezdtem figyelni arra, hogy mit eszem. Még akkor is, ha a fizikai aktivitásnak nincs annyi haszna, mint az istenfélelem gyakorlásának, a testünkről való gondoskodás megfelelő étkezéssel, alvással és testmozgással párosítva azt mutatja, hogy valóban törődünk Isten templomával.

Megjegyzendő, hogy a böjt nem megoldás a súlyproblémák kezelésére. Nem ehetsz úgy hónapokig, mint egy disznó, abban reménykedve, hogy majd néhány hét böjt felszámolja a rossz étkezési szokásaid következményeit. A jó egészséghez jó döntések szükségesek a böjt előtt és után. Sok embert ismerek, akik sokat fogynak a böjt közben, hogy aztán a böjt befejezése után mindent visszahízzanak, sőt még többet is. Ez azért van, mert nem változtatnak az életmódjukon.

Nos, a böjt nem emeli szellemi értékünket, bár növeli szellemi súlyunkat. Pál azt mondja a rómaiaknak, hogy *„okos istentiszteletként szánjátok oda magatokat élő, szent, Istennek tetsző áldozatul"* (Róma 12:1). Sokféleképpen megtehetjük ezt, és ezek egyike a böjt. Az igében a testünk áldozatként való bemutatása az elménk megújulása előtt szerepel. Testünk áldozata, mellyel Istent szolgáljuk, Isten végtelen irgalmára adott válaszunk. Pál így kezdi a fejezetet:

„Kérlek azért titeket, testvéreim, az Isten irgalmasságára, hogy okos istentiszteletként szánjátok oda magatokat élő, szent, Istennek tetsző áldozatul, és ne igazodjatok e világhoz, hanem változzatok meg értelmetek megújulásával, hogy megítélhessétek, mi az Isten akarata, mi az, ami jó, ami neki tetsző és tökéletes" (Róma 12:1-2).

Az ezt megelőző tizenegy fejezetben Pál Isten kegyelméről és irgalmáról beszél, amely által elnyertük az üdvösséget. A tizenkettedik fejezetben pedig elmondja, hogy mi lenne a helyes válaszunk erre: ajánljuk fel testünket áldozatul, újítsuk meg elménket, és változzunk meg.

A böjt testünk élő áldozatként való felajánlása. Ez a racionális válasz Isten irgalmára – nem annak elnyerésére irányuló kísérlet. A böjt nem növeli szellemi értékünket. Értékünket Isten szemében az az ár határozza meg, amelyet Fia, Jézus Krisztus fizetett a Golgota keresztjén. Nem azért szeret minket az Atya jobban, mert böjtölünk és imádkozunk; hanem azért böjtölünk és imádkozunk, mert szeret minket. Nem azért olvassuk a Bibliát, hogy Isten jobban szeressen minket, hanem azért olvassuk a Bibliát, hogy többet megtudjunk Isten végtelen szeretetéről irántunk. Ez nagyon fontos.

Az önfeláldozó élet Jézus értünk hozott keresztáldozatára adott válasz. Ez a mi racionális válaszunk az Ő kegyelmére, nem pedig a kísérletünk arra, hogy kiérdemeljük ezt a kegyelmet.

Ima

Uram, köszönöm mindazt, amit értem tettél a kereszten. Megértettem azt is, hogy az irántam érzett szereteted vitt Téged arra a keresztre. Imádkozom, hogy segíts nekem meghalni önmagamnak, hogy Te élhess általam. És hogy a böjt eme cselekedete által a Te szereteted nagyobb mértékben áradjon rajtam keresztül, és mások is megismerjenek Téged.

Igék a mai napra:

„Kérlek azért titeket, testvéreim, az Isten irgalmasságára, hogy okos istentiszteletként szánjátok oda magatokat élő, szent, Istennek tetsző áldozatul, és ne igazodjatok e világhoz, hanem változzatok meg értelmetek megújulásával, hogy megítélhessétek, mi az Isten akarata, mi az, ami jó, ami neki tetsző és tökéletes."

Róma 12:1-2

„Mert úgy szerette Isten a világot, hogy egyszülött Fiát adta, hogy aki hisz őbenne, el ne vesszen, hanem örök élete legyen."

János 3:16

„Mert a test sanyargatásának kevés a haszna, a kegyesség viszont mindenre hasznos, mert megvan benne a jelen és a jövendő élet ígérete."

1 Timóteus 4:8

Az első néhány nap
után, amikor az
éhségérzet megszűnik,
észrevehetően
energikusabbnak
érezheted magad.
Talán kedvet kapsz
egy kis kocogáshoz
vagy az edzőteremhez,
de a böjtnek ebben a
szakaszában próbálj
meg tartózkodni a nehéz
fizikai tevékenységektől.
Ehelyett tégy egy
könnyed sétát a
környéken, vagy öntözd
meg a növényeket stb.

AZ ALÁZAT ÚTJA

„Isten a gőgösöknek ellenáll, az alázatosaknak pedig kegyelmet ad. Alázzátok meg tehát magatokat Isten hatalmas keze alatt, hogy felmagasztaljon titeket annak idején."

1Péter 5:5-6

Talán hallottátok már a példázatot a két kacsáról és a békáról. Egy tanyán élt egy béka és két kacsa, és nagyon jó barátok voltak. A forró nyár folyamán a tó kiszáradt. A kacsák készen álltak, hogy elrepüljenek egy másik helyre, de nem akarták otthagyni a békát. Kitaláltak egy zseniális tervet, hogy a csőrükben egy botot tartanak egymás között, a béka a szájával belekapaszkodik a botba, és ők elrepítik őt egy másik helyre. Miközben repültek, egy földműves a mezőn észrevette a két kacsát, ahogy egy békával repültek. „Micsoda remek ötlet" – mondta a gazda. – „Vajon kinek az ötlete volt? Hát az enyém" – mondta a béka. És ezzel le is esett.

A történet tanulsága: maradj alázatos! A bukás előtt mindig büszkeség jár. A büszkeség képes volt egy angyalt ördöggé változtatni. A te életedre vajon hatással van a gőg?

Isten ellenáll a büszkéknek, de könyörül az alázatosokon. Nem csak könyörül, de fel is emeli őket: *„Az alázatnak és az Úr félelmének jutalma gazdagság, dicsőség és élet."* (Példabeszédek 22:4). Gazdagság, dicsőség és élet – ki ne akarná ezeket? A kulcs az alázat! Egy másik példabeszédben olvashatjuk, hogy *„Ha jön a kevélység, jön a szégyen is, a szerénységgel pedig bölcsesség jár együtt"* (Példabeszédek 11:2)

Oké, értem. Az alázat nagyjából mindennek az alapvető kulcsa Isten országában. De az alázatot Isten nem fogja helyettünk gyakorolni! Ez egy olyan tulajdonság, amit nekünk magunknak kell naponta önként gyakorolnunk az Úr előtt. Azt mondja nekünk, hogy alázzuk meg magunkat, és gondolkodjunk el az Ő legfőbb szuverenitásán, hatalmán és dicsőségén.

Hogyan lehetünk tehát alázatosabbak? A böjt az Isten előtti megalázkodás egyik bibliai módja. Dávid böjtöléssel alázta meg a lelkét: *„Sírtam, és böjttel gyötörtem magam, de ez csak gyalázatomra vált"* (Zsoltárok 69:10). Egy másik esetben azt mondta: *„böjttel gyötörtem magamat, újra meg újra szívből imádkoztam"* (Zsoltárok 35:13).

Ezsdrás is megalázta magát az Úr előtt böjtöléssel: *„Ekkor böjtöt hirdettem ott az Ahavá-folyó mellett, hogy megalázzuk magunkat Istenünk előtt, és jó utat kérjünk tőle magunknak, hozzátartozóinknak és minden jószágunknak"* (Ezsdrás 8:21)

Még a gonosz király, Aháb is megalázkodott és böjtölt, miután Illés próféta ítéletet hirdetett fölötte és leszármazottai felett: *„Amikor Aháb meghallotta ezeket a szavakat, megszaggatta ruháját, zsákruhát vett magára, böjtölt, zsákruhában is hált, és csöndesen járt-kelt"* (1Királyok 21:27). Most pedig nézzük meg Isten szemszögét: *„Látod, mennyire megalázta magát előttem Aháb? Mivel megalázta magát előttem, az ő idejében nem hozom rá azt a veszedelmet; majd csak a fia idejében hozok veszedelmet a házára"* (1Királyok 21:29). Nahát! Isten kiterjesztette kegyelmét és jóindulatát Izrael történelmének legrosszabb királyára, csak azért, mert böjtöléssel megalázta magát!

Ha Isten kegyelmét, felmagasztalását, tiszteletet, bővölködő életet és szellemi gazdagságot akarsz az életedben, féld az Urat tisztelettel és alázattal. A megalázkodás egyik legjobb módja a böjt.

Fontos, hogy ne büszkélkedjünk a böjtölésünkkel, mert az meghiúsítja annak célját. A böjtnek segítenie kell abban, hogy alázatosak, ne pedig büszkék legyünk a szívünkben. Ha hencegsz, és közhírré teszed egyéni böjtölésedet vagy annak hosszát, akkor ezzel csak az emberek figyelmét kelted fel, nem Istentől kapsz jutalmat. A böjtölésednek Isten figyelmét kell felkeltenie, de ez soha nem fog megtörténni, ha azért teszed, mert az emberek elismerését keresed. Jézus ezt mondta: *„Atyátok, aki titkon lát, nyíltan megjutalmaz titeket"* (Máté 6:18).

Ima

Atyám, bocsáss meg nekem, ha a szívemben bármilyen hátsó szándék motiválta ezt a böjtöt. Bocsáss meg minden gőgös viselkedést és hozzáállást, ami annak a hátterében állhat, hogy Téged keresselek. Tisztítsd meg a szívemet, mosd meg, és tégy olyan fehérré, mint a hó.

Kérdések elmélkedéshez a mai napra

Hogy boldogulsz az alázatos viselkedéssel?

Igék a mai napra:

„Amikor pedig böjtöltök, ne nézzetek komoran, mint a képmutatók, akik eltorzítják arcukat, hogy lássák az emberek böjtölésüket. Bizony mondom nektek: megkapták jutalmukat. Te pedig, ha böjtölsz, kend meg a fejedet, és mosd meg az arcodat, hogy böjtölésedet ne az emberek lássák, hanem Atyád, aki rejtve van; a te Atyád pedig, aki látja, ami titokban történik, megjutalmaz téged."

Máté 6:16-18

„Ekkor böjtöt hirdettem ott az Ahavá-folyó mellett, hogy megalázzuk magunkat Istenünk előtt, és jó utat kérjünk tőle magunknak, hozzátartozóinknak és minden jószágunknak."

Ezsdrás 8:21

„Böjttel gyötörtem magamat, újra meg újra szívből imádkoztam."

Zsoltárok 35:13

„Amikor Aháb meghallotta ezeket a szavakat, megszaggatta ruháját, zsákruhát vett magára, böjtölt, zsákruhában is hált, és csöndesen járt-kelt. Ekkor így szólt az Úr igéje a tisbei Illéshez: Látod, mennyire megalázta magát előttem Aháb? Mivel megalázta magát előttem, az ő idejében nem hozom rá azt a veszedelmet; majd csak a fia idejében hozok veszedelmet a házára."

1Királyok 21:27-29

„Ha jön a kevélység, jön a szégyen is, a szerénységgel pedig bölcsesség jár együtt."

Példabeszédek 11:2

„Az alázatnak és az Úr félelmének jutalma gazdagság, dicsőség és élet."

Példabeszédek 22:4

„Isten a gőgösöknek ellenáll, az alázatosaknak pedig kegyelmet ad. Alázzátok meg tehát magatokat Isten hatalmas keze alatt, hogy felmagasztaljon titeket annak idején."

1Péter 5:5-6

A harmadik szakasz
jellemzően a nyolcadik
és a tizenötödik nap
közé esik. Ez a szakasz a
hangulat és a mentális
tisztaság drámai
javulását jelenti, és ez
az a szakasz, amelyet
a tapasztalt böjtölők
a legjobban várnak.
Tarts ki![1]

KRÍZISTŐL AZ ELHÍVÁSIG

„Egyszer, amikor az Úrnak szolgáltak, és böjtöltek, ezt mondta a Szentlélek: Válasszátok ki nekem Barnabást és Sault arra a munkára, amelyre elhívtam őket."

ApCsel 13:2

Volt egy ember, aki teljesen reményvesztett és kétségbeesett volt. A felesége elhagyta, elvesztette a munkáját, és minden életkedve odalett. Úgy döntött, hogy leugrik egy hídról és véget vet az életének. Rövid üzenetet hagyott a lakhelyén, és a híd felé indult. Megtalálta a legjobb, leginkább félreeső helyet az ugráshoz, ahol senki sem láthatta. Éppen ugrani készült, amikor meglátott valakit a folyóban, aki fuldoklott és segítségért kiáltott. Ez a kétségbeesett kiáltás eljutott a füléig, és megérintette a szívét. Gyorsan leszaladt a hídról, és úszva ment segítséget nyújtani. Aznap megmentette egy lány életét. Tömeg gyűlt össze, eljött a családja, és még újságírók is érkeztek. Mindenki nagyon hálás volt, hogy a megfelelő időben és jó helyen volt. Aztán meghallották szomorú történetét, hogy miért volt ott azon a hídon. Másnap az újság címlapon közölt cikket az eseményről: „Egy férfi, akinek az életét új cél mentette meg." Az ő élete is megmenekült aznap, nem csak a fuldokló lányé. A cél megléte nagyon erős motiváció.

Érdekesnek találom, hogy az Újszövetségben feljegyzett böjtök többsége nem valami problémára volt válasz, hanem lényeges kulcs volt valamilyen magasabb cél megvalósításához.

Jézus negyvennapos böjtje nem az életében bekövetkezett válság miatt történt: ez indította el Őt elhívásának beteljesítése felé. Földi szolgálata ez után a böjt után kezdődött. Az ApCsel 13:2-ben említett böjt szintén nem valamilyen problémára adott válasz volt, hanem Isten jelenlétére való buzgó törekvésük bizonyítékaként jelenik meg előttünk. Sokan csak akkor böjtölnek, ha problémáik vagy válságaik vannak, de Isten azt akarja, hogy akkor is böjtöljünk, amikor nem vagyunk válsághelyzetben.

Amikor a negyvennapos böjtöt tartottam, nem volt semmi bajom az egészségemmel, a családommal, a kapcsolataimmal vagy a pénzügyeimmel. Böjtöm célja az volt, hogy szenvedéllyel kövessem az Urat, és megalázzam magam előtte, hogy életem a legnagyobb dicsőséget hozza el Neki. *„Az lesz az én Atyám dicsősége, hogy sok gyümölcsöt teremtek"* (János 15:8).

Jézus igazi szolgálata negyvennapos böjtje után kezdődött. Pál egy háromnapos böjt után fedezte fel kezdeti szolgálatát, de valódi elhívása az Apostolok Cselekedetei 13-ban leírt böjtje után egy meghatározott szolgálattá erősödött. A damaszkuszi úton találkozott az Úrral. A Jézussal való találkozás során Pál két kérdést tett fel neki: „Ki vagy te, Uram?" és: „Uram, mit akarsz, hogy tegyek?" Nekem ez nagyon tetszik! Pál két nagyszerű kérdést tett fel. Miután Jézus kinyilatkoztatta magát Pálnak az úton, azt mondta neki, hogy menjen be a városba, hogy további instrukciókat kérjen a második kérdéshez: *„De kelj fel, menj be a városba, és ott megmondják neked, mit kell tenned"* (ApCsel 9:6)

Az étel és ital nélkül, vakon töltött három nap alatt Pál újabb látomást kapott, ezúttal arról, hogyan fogja visszanyerni a látását. Az Úr Anániásnak is látomást adott, konkrét utasításokkal és világos képpel arról, hogy mire hívta el Pált. Isten kijelentette Pálnak, hogy ő kiválasztott eszköz lesz, aki hirdetni fogja Jézus nevét a pogányok, királyok és Izrael fiai előtt. Az Igét olvasva úgy tűnik, hogy egy világméretű szolgálatra hívta Isten. Pál a következő tizenhét évet (Galata 1:18, 2:1) azzal töltötte, hogy tanulta az Igét, tanított, prédikált, keresztényekkel társalkodott, megosztotta hitét, és pénzt adott a szegényeknek. Ám az ApCsel 13. fejezetében leírt böjt után a Szent Szellem ezt mondta: *„Válasszátok ki nekem Barnabást és Sault arra a munkára, amelyre elhívtam őket"* (ApCsel 13:2). Bármit is tettek korábban, az jó volt, de most valami nagyobb feladat várt rájuk, amire a Szent Szellem készítette fel őket. Vannak szolgálataink, amelyeket az Úrért végzünk, de amikor időt szakítunk a böjtölésre és az Úr szolgálatára, Ő felhatalmaz bennünket arra, hogy konkrét, Istentől kapott elhívásainkban szolgáljunk. Az Úrért végzett szolgálatunkat saját erőnkből és megértésünkből végezzük, az Úrtól kapott szolgálat viszont az Ő erejével és szándékával történik. A nagy különbség a kettő között abban rejlik, hogy hajlandóak vagyunk-e lassítani, megállni, böjtölni, és magát az Urat szolgálni.

Saját szolgálatom során megtapasztaltam, hogy a hoszszan tartó böjt mennyire megváltoztatja az Úr szolgálatának paramétereit. A böjt egy másik szintre, nagyobb dimenziókra emeli szolgálatomat, és olyan ajtókat nyit meg, amelyeket csak Isten képes megnyitni. A böjt azonban nem valamiféle trükk a szolgálat növekedéséhez. Ez az alázatosság eszköze, amely Isten kegyeibe helyezi az embert. Ez az ősi bibliai módja annak, ahogyan igazodhatunk Isten céljaihoz és az Ő kegyelméből tevékenykedhetünk, ahelyett hogy felőrölnénk magunkat a saját szolgálatunkban.

Ima

Atyám, megalázom a szívem előtted. Te alkottál engem, a saját céljaidra. Mutasd meg akaratodat: hova kell mennem. Taníts engem. Vezess engem a céljaim felé, ahogy alávetem magam a Te céljaidnak.

Kérdések elmélkedéshez a mai napra

Észrevettél már magadban változást az életed bármely területén, amióta elkezdted a böjtöt? Ha igen,

Igék a mai napra:

„Jézus a Szellem erejével visszatért Galileába, és elterjedt a híre az egész környéken. Tanított a zsinagógáikban, és dicsőítette mindenki."

Lukács 4:14-15

„Majd három esztendő múlva felmentem Jeruzsálembe, hogy meglátogassam Kéfást, és nála maradtam tizenöt napig."

Galata 1:18

„Azután tizennégy esztendő múlva ismét felmentem Jeruzsálembe Barnabással, és magammal vittem Tituszt is."

Galata 2:1

„Egyszer, amikor az Úrnak szolgáltak, és böjtöltek, ezt mondta a Szentlélek: Válasszátok ki nekem Barnabást és Sault arra a munkára, amelyre elhívtam őket. Akkor böjtölés, imádkozás és kézrátétel után elbocsátották őket."

ApCsel 13:2-3

„Ezért emlékeztetlek téged, hogy éleszd fel magadban Isten kegyelmi ajándékának tüzét, amely kézrátételem által van benned."

2Timóteus 1:6

A harmadik szakaszban gyakori, hogy egyfajta „böjti mámor" kezdődik. Ezek közé a fejlemények közé tartozik a felfokozott hangulat, a megnövekedett energiaszint és egyfajta tiszta gondolkodás, amely csak a böjtre jellemző.[1]

A HÁRMAS KÖTÉL

„Ha az egyiket megtámadják, ketten állnak ellent.
A hármas fonál nem szakad el egyhamar."

Prédikátor 4:12

Mi az a próba? Egy olyan teszt, amelyen keresztülmégy, és amely segít felfedezni erkölcsi tulajdonságaidat vagy jellemedet. A próba és a kísértés azonban nem ugyanaz. A kísértés a rosszra való csábítás – a rossz gondolatokra és cselekedetekre való hajlam. A kísértés rossz cselekedetekre csábít, hogy tönkretegyen téged: *„Mert mindenki saját kívánságától vonzva és csalogatva esik kísértésbe"* (Jakab 1:14). Az egyik az ember erkölcsi javát célozza meg azáltal, hogy tudatosítja benne valódi erkölcsi énjét; a másik a gonosz hajlamait veszi célba, és bűnbe vezeti őt. „Isten megpróbál, de a Sátán kísért."[1]

Minden kísértés, amellyel az örökkévalóság innenső oldalán szembesülünk, a szemek kívánságára, a test kívánságára vagy az élet kevélységére vezethető vissza (1János 2:15-16). Ez az ördög hármasa. Ősszüleink már a kertben szembesültek ezekkel a vágyakkal. A Sátán Jézust is ezzel a taktikával, vagyis stratégiával támadta meg a pusztában. Legyen szó büszkeségről, kéjvágyról vagy kapzsiság, minden bűn e három kategóriába tartozik. Ez az a háromféle kísértés, amellyel mindannyiunknak meg kell küzdenie.

Nos, erre a három kísértésre az Úr három fegyvert adott nekünk. Ezeket Jézus világosan bemutatja a Máté 6. fejezetében, a hegyi beszédben, ahol három keresztény alapelvet tanít nekünk: imádkozás, adakozás és böjt. Hiszem, hogy ez a három fegyver segít leküzdeni az összes kísértést, amit a Sátán elénk vet.

Az ima legyőzi a büszkeséget

Valójában az imádkozás hiánya a büszkeség jele. A büszkeség mindig más bűnökkel viselős, de az imádság abortálja mindazt, amit a büszkeség meg akar szülni. Az emberek nem sokat imádkoznak, ha büszkék. Az imádság hiányáért az elfoglaltságot okolják, de a valódi kiváltó ok a büszkeségünk. Azt gondoljuk, hogy Isten nélkül is boldogulunk, és hogy az Ő segítsége szükségtelen, figyelmen kívül hagyjuk a hangját, gyakran nem vesszük észre az Ő vezetését, és megszomorítjuk a Szent Szellemet. Az őszinte imádság azonban megszünteti ezt a nemtörődöm, független hozzáállást. Kezdjük el a napi bűnbánat szokását az Úr előtt. Szánj időt az imádságra, térdelj le, bánd meg bűneidet, alázd meg a szívedet, kérd Isten segítségét – akkor a büszkeség nem tud gyökeret verni a szívedben. Jézus tisztázta az imádság célját és azt, hogyan kell imádkozni. Akkor erőteljes, ha a szívünk megfelelő hozzáállásával végezzük, és erre a legjobb példát az Úr imájában találjuk (Máté 6:9-13).

Az adakozás szétzúzza a kapzsiságot

A kapzsiság nem az, amikor egy ember pénzt szerez; hanem amikor a pénz megszerzi az embert. A kapzsiság a szegényeket és a gazdagokat egyaránt megtámadhatja. Elpusztította Ákánt, Géházit, Júdást és Anániást. A kapzsiság téged is célba vehet. A kapzsiságra csak egy gyógymód van, és ez nem a szabadulásért való imádkozás – hanem az adakozás!

És ha igazán torkon akarod ütni a kapzsiságot és a büszkeséget, próbáld ki az áldozatos adakozást. Jézus ezt úgy nevezte, hogy „gyűjtsetek kincseket a mennyben". A kincsedet Neki adni sokkal többet jelent annál, mint hogy elajándékozod azt, amire nincs szükséged, hogy segíts a szegényeken, vagy hogy vasárnap borravalót adj Istennek. Azt jelenti, hogy odaadod azt, amit fáj odaadni. Ez a fajta adakozás a szívedet az örök értékek felé irányítja át. Az imádsághoz hasonlóan az adakozás indítékai is ugyanolyan fontosak, mint maga az adakozás.

A böjt megtámadja az életedben levő bűnös vágyakat

A kéjvágy a testi természet kívánságairól és a test vágyairól szól. A böjtölés során az ember önként megtagadja azt, amire a testnek valóban szüksége van, és ezzel felkészíti a testet arra, hogy a szellem irányítsa. Ha fegyelmezzük természetes testi vágyainkat, könnyebbé válik a test gonosz, bűnös vágyainak féken tartása. A testet a böjti időszakok által arra neveljük, hogy alávesse magát a szellemnek.

A böjt felkészít a kísértés elleni küzdelemre. Amikor böjtölünk, megtagadjuk magunktól az ételt, de a böjt után megvan az akaraterőnk, hogy tartózkodjunk a bűntől. A test mindig ostoba dolgokat akar csinálni, de ha egyszer a böjtölés révén uralmat veszel fölötte, sokkal könnyebb uralkodni rajta, amikor jön a kísértés.

Az egyik fontos tanácsom, amit a bűnös vágyakkal küzdőknek adok, hogy alakítsanak ki egy böjti és önmegtagadó életmódot. A böjt olyan, mint az a bokszoló, aki hónapokig edz az edzőteremben a bokszmeccse előtt. Egyetlen sportolónak sem jutna eszébe a felkészülést a mérkőzés napjára időzíteni, amikor a ringbe lép. Akkor már túl késő. A bokszmeccs előtt odafigyel az étrendjére, és napi szinten tartja az edzőteremben végzett edzéseit, hogy felkészüljön arra az egyetlen mérkőzésre. Így működik a böjt: szellemi edzőterem a test számára, hogy amikor belépsz a kísértés szorítójába, ne üssenek ki.

Végezd aktívan ezt a három szellemi fegyelmezési gyakorlatot az életedben: imádság, adakozás és böjt. Amikor elmégy az edzőterembe, tested minden részét edzened kell. A lányok inkább a lábukon szeretnek dolgozni, a fiúk pedig inkább a mellkasukon és a hasizmukon, de valójában minden részen dolgoznunk kell, különben furcsán és aránytalanul néznénk ki. Az istenfélő életünk, az imádság, az adakozás és a böjt nem egyszerűen a szellemi növekedésünkről, hanem a szellemi győzelmünkről szól. Az imádságban, adakozásban és böjtben való élet nem szabadon választható, hanem kötelező tantárgy!

[1] J. Dwight Pentecost és John Danilson: The Words and Works of Jesus Christ: a Study of the Life of Christ, Zondervan Pub. House, 1984, 99. oldal.

Ima

Atyám, bocsásd meg nekem, hogy olyan keveset imádkozom és adakozom, és azt, hogy hagytam ezt eluralkodni a szívemben. Segíts, hogy nagylelkű legyek, és hogy kialakuljon bennem az imádság és a böjt szeretete. Távolíts el minden büszkeséget, amely belopta magát a szívembe. Szeretnék mindezektől mentesen élni.

Igék a mai napra:

„Ha az egyiket megtámadják, ketten állnak ellent. A hármas fonál nem szakad el egyhamar."

Prédikátor 4:12

„Mert mindenki saját kívánságától vonzva és csalogatva esik kísértésbe. Azután a kívánság megfoganva bűnt szül, a bűn pedig kiteljesedve halált nemz."

Jakab 1:14-15

„Mert mindaz, ami a világban van, a test kívánsága, a szem kívánsága és a vagyonnal való kérkedés, nem az Atyától, hanem a világtól van. A világ pedig elmúlik, és annak kívánsága is; de aki Isten akaratát cselekszi, megmarad örökké."

1János 2:16-17

„Öljétek meg tehát tagjaitokban azt, ami földi: a paráznaságot, a tisztátalanságot, a szenvedélyt, a gonosz kívánságot és a kapzsiságot, ami bálványimádás."

Kolossé 3:5

„Az asszony úgy látta, hogy jó volna enni arról a fáról, hogy csábítja a szemet, és kívánatos is az a fa, mert okossá tesz: szakított hát a gyümölcséből, és evett. Adott a vele levő férjének is, és ő is evett."

1Mózes 3:6

„Az volt a bűne a húgodnak, Sodomának, hogy bár fenségben, kenyérbőségben és zavartalan békességben volt része neki és lányainak, a nincstelent és a szegényt mégsem támogatta."

Ezékiel 16:49

„Ekkor odament hozzá a kísértő, és ezt mondta: Ha Isten Fia vagy, mondd, hogy ezek a kövek változzanak kenyérré! Ő így válaszolt: Meg van írva: 'Nemcsak kenyérrel él az ember, hanem minden igével, amely Isten szájából származik'. Ezután magával vitte őt az ördög a szent városba, a templom párkányára állította, és így szólt hozzá: Ha Isten Fia vagy, vesd le magadat, mert meg van írva: 'Angyalainak parancsot ad, és kézen fogva vezetnek téged, hogy meg ne üsd lábadat a kőben'. Jézus ezt mondta neki: Viszont meg van írva: 'Ne kísértsd az Urat, a te Istenedet!' Majd magával vitte az ördög egy igen magas hegyre, megmutatta neki a világ minden országát és azok dicsőségét, és ezt mondta neki: Mindezt neked adom, ha leborulva imádsz engem."

Máté 4:3-9

A harmadik szakaszban a tested „gyógyító üzemmódba" lép. Ez a gyógyulási folyamat akkor kezdődik, amikor az emésztőrendszered kipiheni a mindennapos stresszhatásokat és toxinokat, amelyeknek naponta ki van téve. Ennek eredményeképpen a szervezetedbe kevesebb szabad gyök kerül, és csökken az oxidatív stressz.[1]

ÉPÍTS, KÖTÖZZ ÉS SZÜLJ

> „Kornéliusz így felelt: Három nappal ezelőtt körülbelül ebben az időben, délután három órakor imádkoztam a házamban, és íme, egy férfi állt meg előttem fénylő ruhában, és azt mondta: Kornéliusz, Isten meghallgatta imádságod, és megemlékezett alamizsnáidról."
>
> ApCsel 10:30-31

Az ima, a böjt és az adakozás szokása erőteljes hatással van szellemi fejlődésünkre. Ha együttesen alkalmazzuk őket, az istenfélő élet erőteljes gyümölcsét hozzák Isten dicsőségére.

Salamon ezt mondta: *„Ha az egyiket megtámadják, ketten állnak ellent. A hármas fonál nem szakad el egyhamar."* (Prédikátor 4:12). Hívőként hajlamosak vagyunk arra, hogy egyik szokást a másik fölé helyezzük. Egyesek lekicsinylik a böjtöt, mert annyira az adakozásra vagy az imádkozásra összpontosítanak. Mások csak böjtölnek, és nem alakítanak ki bőkezű adakozó életmódot. Ennek a háromnak együtt kell járnia.

Kornéliusz imádságos, böjtölő és adakozó életet élt. Ez felkeltette Isten figyelmét, de nem hozott neki üdvösséget. Az üdvösség kegyelemből, hit által jön (Efézus 2:8-9). Lenyűgöző, hogy már az üdvösség elnyerése előtt is istenfélő életmódot élt. Sok megváltott ember manapság csak a kereszthez jön, de soha nem veszi fel a keresztjét, hogy meghaljon önmagának.

Üdvösséget kapnak, de nem engedik, hogy a Szent Szellem megszentelje őket a kereszt által. Ezért kérlek, vedd figyelembe, hogy a böjt nem az Isten előtti állapotunk javításának vagy üdvösségünk elnyerésének módszere, hanem az önmegtagadás eszköze.

Az ima, a böjt és az adakozás építi belső emberünket. Ha időt töltünk Istennel, önként lemondunk az ételről és átadjuk erőforrásainkat, akkor fokozzuk érzékenységünket az Úr és az Ő lenyűgöző jelleme iránt. Amikor újjászületünk, a szellemünk elevenné és tökéletessé válik Isten előtt. A Zsidókhoz írt levél szerzője ezt mondja: *„Mert egyetlen áldozattal örökre tökéletessé tette a megszentelteket"* (Zsidók 10:14). Szellemi emberünknek, bár tökéletesnek mondja az Ige, éretté kell válnia – még Jézus is átment ezen a folyamaton: *„A gyermek pedig növekedett és erősödött, megtelt bölcsességgel, és Isten kegyelme volt rajta"* (Lukács 2:40). Annak ellenére, hogy az egészséges baba tökéletesnek számít a szülei szemében, ennie és innia kell, hogy érett felnőtté váljon. *„Mint most született csecsemők, a tiszta, hamisítatlan tej után vágyakozzatok, hogy azon növekedjetek"* (1Péter 2:2). Az Istennek való engedelmesség növekedést hoz szellemi emberünk számára. Az Isten Igéjével való időtöltés, az Istennel való beszélgetés, az ima, a böjt és az adakozás mind-mind szükséges eszköz a szellemi ember növekedéséhez.

Az ima, a böjt és az adakozás megzabolázza a testet. (Ne feledd: ez nem a fizikai test, hanem az óemberünk. A böjt alatt a fizikai testünk egészségesebbé válik, óemberünk és annak bűnös vágyai viszont összetörnek). Három fő ellenségünk a világ, az óemberünk és az ördög. A világ a külső ellenség, bűnös természetünk a belső ellenség, és az ördög a láthatatlan ellenség. A böjt segít abban, hogy bűnös természetünket alávessük a szellemünknek. Bűnös természetünk olyan, mint az ördög „ajándéka", amelyet születésed napján kapsz, és amitől nem tudsz megszabadulni. Ez veleszületett;

nem tudod kiűzni magadból a szabadulásért való imával. Az egyetlen gyógymód a bűnös természeted ellen a kereszt, vagy más szóval a halál, az önmegtagadás. Amikor Pál ezt mondta: „...*mindennap meghalok*" (1Korinthus 15:31), a bűnös természetre gondolt. Ahogy korábban említettem, az ima segít legyőzni a büszkeséget, a böjt csapást mér a bűnös vágyakra, az adakozás pedig szétzúzza a kapzsiságot. Sok hívő azzal kezdi, hogy nekiáll megkötözni az ördögöt, mielőtt sikeresen legyőzné a saját bűnös természetét. Le kell győznöd a saját oroszlánjaidat és medvéidet, mielőtt nekivágnál az óriások leigázásának.

Az ima, a böjt és az adakozás *megszüli az áttörést*. Kornéliusz rendszeresen gyakorolta ezeket, és ezután jelent meg az angyal világos utasításokkal, hogy mit kell tennie. Hite soha többé nem volt a régi. Kornéliusz volt az első pogány (nem zsidó) ember, aki megtért, és Isten természetfeletti módon összekapcsolta őt Péterrel. Valójában Isten látomást adott Péternek, amint egy másik városban imádkozott és böjtölt; Kornéliusz is imádkozott és böjtölt. Isten természetfeletti módon összekapcsolt két böjtölő embert.

Amikor megalázzuk magunkat, Isten természetfeletti találkozásokat hoz az életünkbe. Mindenki természetfeletti kapcsolatokra vágyik az életében, szolgálatában és karrierjében. Isten azon dolgozik, hogy összehozzon embereket. Istennek jó kedve van attól, hogy rád gondol, és olyan dolgot szeretne megszülni benned és az életedben, ami hatással lesz családodra, közösségedre és környezetedre. Arra biztatlak, hogy kutasd át a szíved, hogy megszabadulj a büszkeségedtől és az egódtól, térdelj le, told el a tányért magadtól, és törd össze életedben a materializmus bálványát.

Ima

Jézusom, fel akarom venni a keresztemet és követni akarlak téged. Segíts, hogy letörjem büszkeségemet, makacsságomat és minden testi vágyat, amelyre a te akaratodnál is erősebben vágyakozom. Ez alatt a böjt alatt építsd fel belső emberemet. Erősíts meg és építs azzá a gyermekké, akinek teremtettél. Igazíts akaratodhoz, és segíts felemelkedni és követni Téged.

Igék a mai napra:

„Akkor Jézus ezt mondta tanítványainak: Ha valaki énutánam akar jönni, tagadja meg magát, vegye fel a keresztjét, és kövessen engem!"

Máté 16:24

„Mint újszülött csecsemők a hamisítatlan lelki tejet kívánjátok, hogy azon növekedjetek az üdvösségre."

1 Péter 2:2

„A gyermek pedig növekedett és erősödött, megtelt bölcsességgel, és Isten kegyelme volt rajta."

Lukács 2:40

A böjt stresszt is okoz, ami további előnyökkel jár. Ez egyfajta enyhe stressz, amely összevethető az edzés okozta stresszel, ami végső soron erősebbé és ellenállóbbá teszi az immunrendszert.[1]

BÖJTÖLJ, HOGY VISSZATÉRHESS AZ ELSŐ SZERETETHEZ

> „De jönnek majd napok, amikor elvétetik tőlük a vőlegény, akkor azokban a napokban böjtölni fognak."
>
> Lukács 5:35

Emlékszem, amikor először találkoztam Lanával. Néhány hete már beszélgettünk Facebookon és Skype-on. Azon a napon egy messiáshívő zsidó gyülekezetben prédikáltam Vancouverben, és meghívtam, hogy jöjjön el. Az istentisztelet után a gyülekezetben volt egy kis szeretetvendégség, és volt lehetőségünk leülni, beszélgetni és enni. Megbabonázott a szépsége, és magával ragadott a személyisége. Félénk volt, de magabiztos. Egy héttel később meghívott vacsorázni a házába. Minden tökéletes volt vele kapcsolatban. Szerelmes voltam. Ezek az érzések olyan erősek voltak, hogy másnap el akartam őt venni. Tudtam, hogy megtaláltam, amit kerestem.

Ezek az erős érzelmek végigkísérték jegyességünk idő-szakát. Házasságkötésünk után az egymás iránti szeretetünk még mélyebb érzelmeket váltott ki. És most, amikor már tizenegy éve vagyunk házasok, az érzéseim iránta ma még erősebbek, mint annak idején.

A rajongás érzése nem igényel tudatos áldozatot. Ez a szerelembe esés – egyszerűen beleesel. De a házasságot nem lehet erre építeni. A szeretet nem egy völgy, amibe beleesel, hanem egy út, amin jársz: *„És járjatok szeretetben, miképen a Krisztus is szeretett minket, és adta Önmagát miérettünk ajándékul és áldozatul"* (Efézus 5:2, rev. Károli). Ha csak szerelembe esel valakivel, hamarosan ki is fogsz ábrándulni belőle. Viszont a szeretet, amit ma a feleségem iránt érzek, döntésen, személyes választáson és elköteleződésen alapszik. Ez nem olyasmi, ami irányít engem, hanem én választottam ezt az életet. A döntéseinknek kellene vezetniük, az érzéseinknek pedig ezt kellene követniük.

Így van ez az Úrral való kapcsolatunkkal is. Hihetetlen az a szeretet, amelyet akkor érzünk, amikor először elnyerjük az üdvösséget – éhség az Ő Igéje után, szomjúság az Ő jelenlétére. De sokan közülünk, mint az efézusi gyülekezet a Jelenések könyvében, elveszítjük első szeretetünket. Ebben a gyülekezetben nem hiányoztak a jó cselekedetek, a munka, a türelem vagy a kitartás. Jézus még meg is dicsérte őket! *„Terhet viseltél az én nevemért, és nem fáradtál meg"* (Jelenések 2:3). Keményen dolgoztak az Úrért. De magát az Urat elhanyagolták! A következő versben Jézus szeretetteljesen megfeddi őket: *„de az a panaszom ellened, hogy nincs meg már benned az első szeretet"* (4. vers). Hiányzott az Úr iránti éhség, szenvedély, vágyakozás és szomjúság. Észrevétlenül elterelődött a figyelmük Istenről. A gyülekezet önelégültté vált. Annyira jól érezték magukat Isten dolgaiban, hogy elveszítették a vonzódásukat Isten személye iránt. Ilyenkor hogyan tovább?

Jézus felvázolta az első szeretetükhöz való visszatérés folyamatát: *„Emlékezzél tehát vissza, honnan estél ki, térj meg, és tedd az előbbiekhez hasonló cselekedeteidet, különben elmegyek hozzád, és kimozdítom gyertyatartódat a helyéből, ha meg nem térsz"* (Jelenések 2:5).

Emlékezz, térj meg, és ismételd meg az első cselekedeteket. Ez három egyszerű lépés az első szeretethez való visszatéréshez. Minden azzal kezdődik, hogy emlékezünk és felidézzük, milyen volt a kapcsolatunk Istennel a kezdet kezdetén. Ezután jön a megtérés, ami egy irányváltást eredményező szemléletváltás. A bűnbánat után döntsd el, hogy ismét buzgóvá válsz az első cselekedetek elvégzésében. Így szerezheted vissza első szerelmedet: Jézust.

Ha nem teszed meg ezeket a változtatásokat, hogy viszszatérj az Úrhoz, akkor ez lesz a következmény: *„különben elmegyek hozzád, és kimozdítom gyertyatartódat a helyéből, ha meg nem térsz"* (Jelenések 2:5). A következmény az lett volna, hogy gyertyatójukat eltávolította volna a helyéről. A lámpa fényt ad a sötétben. Mintha Jézus azt mondta volna nekik (nekünk): *el fogod veszíteni befolyásodat a sötét szellemi világban.* Nem lesz többé szellemi tekintélyed, és nem jársz Isten kenetében, hacsak nem gondolkodsz el, nem tartasz bűnbánatot és nem térsz vissza.

Amikor elkezdünk *emlékezni, megtérni és megismételni az első cselekedeteket,* első szeretetünk visszatér. Amikor bűnös természetünket az oltárra tesszük, első szerelmünk visszatér. Az Úr iránti erős érzelmek kísérik a felajánlásunkat és az áldozattal kapcsolatos döntéseinket. Hozd meg ezeket az áldozatokat, és a tűz visszatér.

Jézus azt mondta a farizeusoknak, hogy ha egyszer elviszik a vőlegényt, akkor tanítványai böjtölni fognak. Ma már tudjuk, hogy ez Jézus mennybemenetelére vonatkozott, de a gyakorlati alkalmazása ma is érvényes számunkra. Bármikor, amikor Isten jelenléte távolinak tűnik az életünkben, böjtölnünk kell. Amikor a Szent Szellem nyilvánvaló jelenléte távolinak tűnik, böjtölnünk kell. A böjt segít helyreállítani az éhségünket, a szenvedélyünket és az első szeretetet.

Ima

Uram, köszönöm az irántam való kitartó szeretetedet. Sajnálom, hogy olyan könnyen elvonják figyelmemet e világ dolgai, és ezért az irántad érzett szeretetem ingadozik. Hívd fel a figyelmemet mindarra, amelyek olyan könnyen befészkelték magukat a szívembe, és lehűtötték irántad való szeretetemet. Megbánom ezt a bűnt. Szeretnélek még mélyebben szeretni Téged. Kérlek, taníts meg, hogyan kell ezt tennem.

Igék a mai napra:

„Az efezusi gyülekezet angyalának írd meg: ezt mondja az, aki jobb kezében tartja a hét csillagot, aki a hét arany gyertyatartó között jár: Tudok cselekedeteidről, fáradozásodról és állhatatosságodról és arról, hogy nem viselheted el a gonoszokat, és próbára tetted azokat, akik apostoloknak mondják magukat, pedig nem azok, és hazugnak találtad őket. Tudom, hogy állhatatos vagy, terhet viseltél az én nevemért, és nem fáradtál meg, de az a panaszom ellened, hogy nincs meg már benned az első szeretet. Emlékezzél tehát vissza, honnan estél ki, térj meg, és tedd az előbbi cselekedeteidet, különben elmegyek hozzád, és kimozdítom gyertyatartódat a helyéből, ha meg nem térsz."

Jelenések 2:1-5

„De jönnek majd napok, amikor elvétetik tőlük a vőlegény, akkor azokban a napokban böjtölni fognak."

Lukács 5:35

„Éljetek szeretetben, ahogyan Krisztus is szeretett minket, és önmagát adta értünk áldozati ajándékul, Istennek kedves illatként."

Efézus 5:2

Bármikor, amikor korlátozod a szabad gyököket és az oxidatív stresszt, elősegíted az egészséges öregedést, és kevesebb egészségügyi szövődményre számíthatsz.[1]

15. NAP

TITOKBAN GYAKOROLT FEGYELEM, NYILVÁNOS JUTALOM

„Hogy böjtölésedet ne az emberek lássák, hanem Atyád, aki rejtve van; a te Atyád pedig, aki látja, ami titokban történik, megjutalmaz téged."

Máté 6:18

Gyerekként négy testvéremmel nőttem fel Ukrajnában, és nagyon szerettük elővenni az összes játékunkat, és együtt játszani. Ezért gyakran nagy rendetlenség volt a házunkban. Ilyenkor mindent a feje tetejére állítottunk. Néha háborút játszottunk a házunkban, máskor gyülekezetesdit. Néha a háború és a gyülekezet ugyanaz a játék volt! Mindaddig, amíg a játék végeztével rendet raktunk, nem voltunk bajban. De néha váratlan látogatók érkeztek hozzánk, akik bejelentés nélkül jöttek, és a szüleink ilyenkor csak néhány percet adtak nekünk, hogy eltakarítsuk az általunk okozott rendetlenséget.

Mivel én vagyok a legidősebb, engem bíztak meg a gyorstakarítással. A testvéreimmel kifejlesztettünk egy trükköt, ami minden alkalommal bevált: ahelyett, hogy mindent visszatettünk volna a helyére, betoltuk a tárgyakat az ágy alá, a kanapé mögé és a szekrénybe, hogy a ház pillanatok alatt makulátlannak tűnjön. Csak egy probléma volt: ha valaki benézett az ágy alá vagy a kanapé mögé, vagy véletlenül kinyitotta a szekrény ajtaját, megdöbbent az összes betömött holmi láttán. Miközben a vendégeket lenyűgözte a rendezett ház, tudtuk, hogy semmi sincs igazán kitakarítva – egyszerűen el volt rejtve.

Vajon ez volt-e Jézus panasza a vallásos emberekkel szemben, akik az edény külsejének megtisztítására összpontosítottak, miközben a belsejét piszkosan hagyták? Igyekeztek jónak látszani az emberek előtt, ahelyett hogy megbizonyosodtak volna arról, hogy tényleg jóban vannak-e Istennel. Isten a titkos helyen lakik, és látja, ami titokban történik. Más szóval, Isten belát a kanapé mögé, az ágy alá és a szekrénybe. Olyan helyeken is jelen van, amelyeket hajlamosak vagyunk elhanyagolni. Igyekszünk az embereknek tetszeni, ezért feldíszítjük a külsőnket, hogy jól nézzünk ki, és figyelmen kívül hagyjuk a rendetlen belsőt.

A böjtölés egy titkon végzett szokás, amely nyilvános jutalmat hoz. Isten maga ígérte meg, hogy nyíltan megjutalmaz, ha megfelelően böjtölsz. Az ördög arra készteti az embereket, hogy titokban vétkezzenek, de Isten megtanít minket arra, hogy titokban böjtöljünk és szenteljük neki oda magunkat. Bármit csinálunk titokban, az a nyilvánosság előtt is látható lesz, csak idő kérdése, mikor.

Józsué könyvében szerepel két egyidejű történet: Ákán és Ráháb története. Noha történeteik ugyanazon a helyen és időben játszódnak, ez a két személy nem is különbözhetne jobban egymástól. Mindketten rejtegettek vagy titkoltak valamit, de amit rejtegettek, az örökre megváltoztatta a sorsukat.

Ákán *katona volt.*	Ráháb *prostituált volt.*
Ákán ígéretes jövő előtt állt.	Ráhábra *semmi jó nem várt.*
Ákán *rejtegetett valamit.*	Ráháb *elrejtett valakiket.*
Ákán *cselekedetei tönkretették a családját.*	Ráháb *tettei megmentették a családját.*
Ákán *vereséget hozott Isten népére.*	Ráháb *Isten népének részévé vált.*

Minden rejtett cselekedet nyilvános jutalomban részesül. Ákán titkos bűne nyilvános botrányt és népének vereségét eredményezte. Ráháb személyes bátorsága nyilvános jutalomban részesült. Ez megváltoztatta a családfáját: nem egyszerűen megmenekült, hanem Dávid király és Jézus Krisztus felmenője is lett. Mennyei Atyánk látja, ami titokban történik.

Ma nem vagyunk olyan helyzetben, hogy izraeli kémeket kellene rejtegetnünk, de megtehetünk valami olyasmit, amivel ugyanúgy kivívhatjuk Isten figyelmét, mint Ráháb. A böjt, ha megfelelő hozzáállással, vagyis Isten figyelmének felkeltésével történik, az Atya jutalmát fogja eredményezni.

Lehet, hogy ma rossz irányba halad az életed, esetleg megtorpansz a karrieredben, vagy langyosnak érzed a szellemi életedet, esetleg a családod nem szolgálja az Urat, vagy a házasságod egy cérnaszálon lóg. Ráháb valóban rossz útra tévedt – az egész élete kész káosz volt. És mégis, az Izrael Istenébe vetett hite és a kémek elrejtése mindent megfordított.

Isten ma a személyes életedet figyeli. Látja, mi van a szekrényedben, az ágy alatt és a kanapé mögött. És keres valamit, amivel nyilvánosan megjutalmazhat. *„Mert az Úr szemei áttekintik az egész földet, és ő megmutatja erejét azoknak, akik tiszta szívvel az övéi.”* (2Krónika 16:9). Talál majd valamit a titkos helyeden, amiért érdemes lesz nyilvánosan megjutalmaznia? Csendesen böjtölsz? Élj az ima, a böjt és adakozás titkos helyén, és mennyei Atyád megáld és megjutalmaz.

Ima

Istenem, köszönöm jóságodat és irgalmadat. Imádkozom, hogy vizsgálj meg, és teremts bennem tiszta szívet. Megbánom, ha nem őriztem úgy a szívemben a Te Szavadat, ahogy kellene. Taníts meg, hogy személyesen tiszteljelek Téged az irántad való mindennapi odaadásommal. Segíts, hogy állandóan tudatában legyek annak, hogy minden, amit titokban teszek, nyilvánosan látható lesz.

Kérdések elmélkedéshez a mai napra

Igék a mai napra:

„Jaj nektek, képmutató írástudók és farizeusok, mert megtisztítjátok a pohár és a tál külsejét, belül pedig tele vannak rablásvággyal és féktelenséggel. Vak farizeus, tisztítsd meg először a pohár és a tál belsejét, hogy azután a külseje is tiszta legyen! Jaj nektek, képmutató írástudók és farizeusok, mert hasonlók vagytok a meszelt sírokhoz, amelyek kívülről szépnek látszanak, de belül tele vannak halottak csontjaival és mindenféle tisztátalansággal. Így kívülről ti is igaznak látszotok az emberek szemében, de belül tele vagytok képmutatással és törvényszegéssel."

Máté 23:25-28

„Mert nincs olyan rejtett dolog, amely napvilágra ne kerülne, és nincs olyan titok, amely ki ne tudódna, és ismertté ne válna."

Lukács 8:17

„Hit nélkül pedig senki sem lehet kedves Isten előtt, mert aki az Istenhez járul, annak hinnie kell, hogy ő van, és megjutalmazza azokat, akik őt keresik."

Zsidók 11:6

A böjt nagyszerű a máj számára, hiszen amikor a testedet nem bombázzák sók, színezékek, cukrok és mesterséges vegyszerek, akkor lehetőséget kap a pihenésre, és a szervezet megkapja az időt az összes káros vegyi anyag feldolgozására.[2]

MENJ MÉLYEBBRE

„Miután abbahagyta a beszédet, ezt mondta
Simonnak: Evezz a mélyre, és vessétek ki
hálóitokat fogásra!"

Lukács 5:4

Azon a vidéken, ahol élek Washington államban, nagyon erős szelek fújnak. Az egyik ilyen szélviharban kidőlt egy fa a templomunk közelében. A fa úgy dőlt le, mint a hegyére állított ceruza. A teljes gyökérzete kifordult a földből és láthatóvá vált, hogy hiába volt erős, nagyon sekélyen gyökeresedett. A fa nagy volt, de a gyökerei kicsik voltak, ezért a szél képes volt kidönteni a fát álló helyzetéből. Pontosan ez történik velünk, ha a nyilvános életünkre nagyobb hangsúlyt helyezünk, mint a magánéletünkre.

Minden fának vannak ágai, amelyek leveleket és gyümölcsöt hoznak, és van gyökérzete, amely a fa súlyát hordozza. A gyökerek általában nem láthatók; a föld alatt vannak. Így van ez a mi életünkkel is. Vannak ágaink – kötelességeink, amelyek az idő múlásával növekednek. Az a felelősség, amit tizenhat éves koromban viseltem, nagyon más, mint az, ami ma, harmincöt évesen rám nehezedik. Tizenhat évesen elvárták tőlem, hogy jó jegyeket hozzak haza, takarítsam ki a szobámat, mossam le az autómat, és csütörtökönként prédikáljak az ifjúsági csoport találkozóján. Ahogy teltek az évek, nőttek az ágaim: a feladataim szaporodtak és megnövekedett a felelősségem.

Ma már több munkatársam van, mint ahányan tizenkilenc évvel ezelőtt az ifjúsági csoportomban voltunk. Ez a mi dilemmánk, engem is beleértve: néha az ágak tovább nőnek, de a gyökerek nem. A felelősségek és az önkéntes szolgálatok az idő múlásával növekednek, és lényeges, hogy az Istennel való kapcsolatunk is ezzel arányosan növekedjen. Különben velünk is megtörténik az, ami a templomunk melletti fával. Az ágak túlnőtték a gyökereket. A felelősségek túlnőhetik az Istennel való kapcsolatot.

Hogyan tudom a gyökereimet mélyebbre ereszteni? Talán azt jelenti, hogy többet imádkozom, többet böjtölök vagy többet adakozom? Isten az egyik imaidőm alatt helyezte a szívemre a választ erre a kérdésre. Amikor a fa gyökerei mélyebbre nyúlnak, akkor a földben mennek mélyebbre. Mélyre menni azt jelenti, hogy megalázzuk magunkat. Van egy kulcs, és ez nem a több idő az imádságra és a Bibliára. Még csak nem is böjtöléssel töltött több idő. Ez az alázat – amikor az embernek szerény véleménye van a saját fontosságáról. Hagyjuk, hogy Isten emeljen fel bennünket: *„Alázzátok meg magatokat az Úr előtt, és ő felmagasztal titeket"* (Jakab 4:10). Az alázat imára és böjtre késztet. Az alázat a tartós személyes megújulás kulcsa. Előfordulhat, hogy részesévé válsz egy közösségi ébredésnek, miközben rejtett életed romokban hever. Lehetsz egy olyan gyülekezetben, amely lendületben van, miközben te nyomorultul érzed magad. Túl sekélyek a gyökereid. A befolyásod súlya túlnőtte az Istennel való bensőséges kapcsolatod mélységét. Az ágak túl nagyok és nehezek lettek ahhoz, hogy a gyökérzeted elbírja. Mélyebbre kell menned Isten jelenlétének és Igéjének talajába. Ahhoz, hogy mélyebbre mehess, fokoznod kell a Szent Szellemtől való függőségedet. Ahhoz, hogy mélyebbre mehess, meg kell aláznod magad.

Amikor a tanítványok egész éjszaka nem fogtak halat, a sikertelen próbálkozásaik miatt elkeseredve úgy döntöttek, hogy megtisztítják a hálóikat. Közben megengedték Jézusnak, hogy a csónakjukat használja, hogy prédikáljon a tömegnek. Jézus azonban többet akart tenni, mint csak használni a csónakjukat: meg akarta tölteni azt halakkal. A csodálatos halfogásnak azonban volt egy buktatója: ki kellett evezniük a mély vízre.

Ha csalódott vagy, mert nem hoz gyümölcsöt a szolgálatod vagy nem élsz át sikereket az életedben, akkor evezz a mély vízbe. Növeszd mélyebbre a gyökereidet Istenben. Alázd meg magad előtte. Gondoskodj a magánéletedről. Fordíts figyelmet a gondolataidra. Vetkőzd le magadról a beképzeltséget, és bízd rá magad Isten jóságára és kegyelmére. Ez az a mélység, amely az Úrtól való függés eredménye. Ez az alázatosság hozza magával Isten jóindulatát és kegyelmét. A mély vízben csodálatos halfogás vár rád. Hagyd el az embereknek való megfelelés iránti vágy sekélyes vizeit, és élj az Úr tetszésére. Adj Istennek valami olyat a magánéletedben, amiért Ő nyilvánosan megjutalmazhat téged.

Ez a böjt igazi lényege: megalázni magunkat a Mindenható Isten előtt, hogy az Ő jóindulatát és irgalmát keressük. Amint a vallásosság sekély partjai felől a Tőle való nagyobb függés mélységeibe mozdítjuk csónakunkat, készen állunk arra, hogy találkozzunk az Ő csodálatos halfogásával.

Ima

Szent Szellem, nincs semmi, amit elrejthetnék előled. Te látod szívem állapotát és hogy az idők során mekkorára nőttek a gyökereim. Imádkozom, hogy segíts nekem elmélyülni a Veled való kapcsolatomban. Nem akarom többé azt a sekélyes életet élni, amihez hozzászoktam. Azt akarom, hogy minden nap új élmény legyen Veled. Segíts nekem, hogy teljes önátadásban és a Te követésedben éljek, bárhová is viszel. Megalázom magam előtted.

Kérdések elmélkedéshez a mai napra

Az elmúlt napokban hogyan késztetett az Úr arra, hogy „mélyebbre menj"? Van-e olyan terület a szívedben, amelyről úgy érzed, hogy foglalkozni kezdett vele?

Igék a mai napra:

„Miután abbahagyta a beszédet, ezt mondta Simonnak: Evezz a mélyre, és vessétek ki hálóitokat fogásra!"

Lukács 5:4

„Ezt mondja az Úr: Átkozott az a férfi, aki emberben bízik, és testi erőre támaszkodik, az Úrtól pedig elfordul szíve! Olyan lesz, mint bokor a pusztában: nem remélhet a jövőtől semmi jót. Kövek között tengődik a pusztában, a szikes, lakatlan földön. De áldott az a férfi, aki az Úrban bízik, akinek az Úr a bizodalma. Mert olyan lesz, mint a víz mellé ültetett fa, amely a folyóig ereszti gyökereit. Nincs mitől félnie, ha eljön a hőség, lombja üde zöld marad. Száraz esztendőben sem kell aggódnia, szüntelenül termi gyümölcsét. Csalárdabb a szív mindennél, javíthatatlan; ki tudná kiismerni?!"

Jeremiás 17:5-9

„Alázzátok meg magatokat az Úr előtt, és ő felmagasztal titeket."

Jakab 4:10

„Olyan lesz, mint a folyóvíz mellé ültetett fa, amely idejében megtermi gyümölcsét, és nem hervad el a lombja. Minden sikerül, amit tesz."

Zsoltárok 1:3

„Hamu helyett fejdíszt adok Sion gyászolóinak, gyászfátyol helyett illatos olajat, csüggedés helyett öröméneket. Igazság fáinak nevezik őket, az Úr ültetvényének: őt ékesítik."

Ézsaiás 61:3

„De én olyan vagyok, mint a viruló olajfa, Isten házában lehetek, bízom Isten szeretetében most és mindenkor."

Zsoltárok 52:8

A böjtölés fiatalító kúrán viszi végig a szervezetedet. Feloldja a beteg sejteket, és csak az egészséges szöveteket hagyja meg. Van egy másik észrevehető változás is: a tápanyagok újraelosztása a szervezetben. A szervezet megragadja az értékes vitaminokat és ásványi anyagokat, miközben feldolgozza és eltávolítja a régi szöveteket, méreganyagokat vagy nemkívánatos anyagokat.[3]

ARANY, EZÜST ÉS DRÁGAKŐ

„Azt pedig, hogy ki mit épít erre az alapra: aranyat, ezüstöt, drágakövet, fát, szénát vagy szalmát..."

1Korínthus 3:12

Pál apostol a korinthusi keresztényekhez írt levelében arra buzdít bennünket, hogy építsük fel szellemi házunkat Jézus Krisztusra mint alapra, építőanyagként arany, ezüst és drágakövek felhasználásával. Így az Ítélet Napján munkánk megáll, és megkapjuk jutalmunkat. Ha azonban fával, szénával, szalmával építkezünk, akkor a tűz megégeti a munkánkat, és veszteséget szenvedünk, annak ellenére, hogy végül megmenekülünk.

Az arany, ezüst és a drágakövek mind a föld alatt rejtőznek. Drágák, ritkák, általában kis mennyiségben kerülnek forgalomba, és tűzzel tisztítják őket. Az élet, amelyről Pál beszél, több annál, mint hogy pusztán nem vétkezünk, és tevékeny, eredményes életet élünk. Arról beszél nekünk, hogy meg kell fizetnünk a Szent Szellemmel való kapcsolatunk első helyének az árát a magánéletünkben. Ki kell alakítanunk a böjt, az ima és az áldozathozatal szokásait.

Az arany az imát jelképezi. A Jelenések könyvében a Biblia a tömjénnel teli aranytálakat a szentek imáiként írja le (Jelenések 5:8). Imádságaink olyan értékesek, mint az arany.

Az ezüst a böjtöt jelképezi. Dávid azt mondja, hogy Isten úgy tett próbára minket, ahogy az ezüstöt tisztítják (Zsoltárok 66:10). A böjt az indítékaink és hozzáállásunk megtisztításának az ideje.

A drágakövek az áldozatkészséget jelképezik. Isten értékes ékszerként említi népét (Malakiás 3:16-17; Zakariás 9:16). Az áldozatkészség nem csupán az, hogy egy részét odaadjuk annak, amivel rendelkezünk. Ez önmagunk odaajándékozása, hiszen ahol a kincsünk van, ott lesz a szívünk is (Máté 6:21).

Ha életünket és szolgálatunkat ezeknek az értékes anyagoknak a felhasználásával építjük fel, akkor ezek ki fogják állni a tüzet, és az Úr tetszését. Ezek a titkon végzett szellemi szokások olyanok, mint azok az építőanyagok, amelyek a föld alatt találhatók. Óriási hőnek és nyomásnak voltak kitéve. Drágák és értékesek, pont úgy, ahogy az imának, a böjtnek és az adakozásnak is ára volt az életünkben.

Itt az ideje felhagyni azzal, hogy olyan dolgokat adunk az Úrnak, ami semmibe sem került nekünk. Életünk motivációja nem lehet az, hogy milyen nagyszerűnek tűnik az életünk az emberek szemében, mert Isten tüze fogja megítélni munkánkat. Ha sikerünk nem tűzálló anyagokból épül fel, akkor munkánk nem fogja kiállni az örökkévalóság próbáját. Így is üdvözülni fogunk, de elveszítjük jutalmunkat. Ezért elengedhetetlen, hogy odaszánjuk magunkat a sok imának, böjtnek és adakozásnak.

A fa, széna és szalma a föld felszínén található, nagy mennyiségben elérhető, olcsó alapanyag, nagyon gyakori, és a tűzben elpusztul. Ez olyan életről beszél, amely büszkeségre, testiességre és titkos bűnökre épül a titkos helyen épített megszentelt élet helyett. Ezek az alapanyagok az imádság nélküli, elfoglalt és megalkuvó életet képviselik. A mi elhívásunk nem az elfoglaltságra szól, hanem a gyümölcsözésre.

A gyümölcsöző élet egyedül úgy valósulhat meg, ha a Szent Szellemmel kialakítunk egy bensőséges, intim kapcsolatot és Benne maradunk. Sok embernek az a rögeszméje, hogy mindenáron népszerű akar lenni, de a tisztaság nem érdekli őket. Könnyű fából, szénából és szalmából építkezni és elhanyagolni az Istennel való kapcsolatot. Megfelelő ajándékokkal és készségekkel nagy dolgokat építhetünk Isten számára. De a keresztény élet és szolgálat különbözik a vállalkozástól – az Istennel való kapcsolatból kell fakadnia, nem pedig a saját erőfeszítéseinkből. Az igazi szolgálat a rejtekhely túlcsordulásából jön létre.

Miközben böjtölsz, nehéznek érezheted, hogy kitarts, de ne veszítsd el a bátorságodat: drága anyagokkal építkezel. Ahogy az imát és a Szentírás olvasását helyezed előtérbe, a föld alatt található ritka és értékes anyagokból építkezel. Ne csüggedj el attól, hogy ma milyen nagy vagy kicsi dolgok vannak az életedben. Hagyd ezt Isten kezében. A te feladatod az, hogy kiváló anyagokból építs és hogy olyan életet élj, amelyet nem fogsz szégyellni az Ítélet Napján.

Ima

Istenem, köszönöm az örök élet ígéretét. Hálás vagyok, hogy örök jutalom vár rám. Segíts, hogy gondolataim az örökkévalóságra szegeződjenek az átmeneti megpróbáltatások és nehézségek helyett, amelyekkel szembe kell néznem. Fejleszd bennem a te Igéd és a Veled való bensőséges kapcsolat iránti nagyobb szeretetet.

Kérdések elmélkedéshez a mai napra

Mi foglalkoztatta a szívedet az elmúlt napon?

Igék a mai napra:

„De a király ezt felelte Araunának: Így nem! Csak pénzért fogadom el tőled, mert nem akarok ingyen kapott égőáldozatot bemutatni Istenemnek, az Úrnak. Megvette tehát Dávid azt a szérűt és a marhákat ötven sekel ezüstért."

2Sámuel 24:24

„Mert más alapot senki sem vethet a meglevőn kívül, aki Jézus Krisztus. Azt pedig, hogy ki mit épít erre az alapra: aranyat, ezüstöt, drágakövet, fát, szénát vagy szalmát, az a nap fogja világossá tenni, mivel tűzben jelenik meg, és akkor mindenkinek a munkája nyilvánvalóvá lesz; és hogy kinek mit ér a munkája, azt a tűz fogja próbára tenni. Ha valakinek a munkája, amelyet ráépített, megmarad, jutalmat fog kapni; de ha valakinek a munkája megég, kárt vall. Ő maga megmenekül ugyan, de úgy, mint aki tűzön ment át."

1Korinthus 3:11-15

„Én vagyok az igazi szőlőtő, és az én Atyám a szőlősgazda. Azt a szőlővesszőt, amely nem terem gyümölcsöt énbennem, lemetszi, és amely gyümölcsöt terem, azt megtisztítja, hogy még több gyümölcsöt teremjen. Ti már tiszták vagytok az ige által, amelyet szóltam nektek. Maradjatok énbennem, és én tibennetek. Ahogyan a szőlővessző nem teremhet gyümölcsöt magától, ha nem marad a szőlőtőn, úgy ti sem, ha nem maradtok énbennem. Én

vagyok a szőlőtő, ti a szőlővesszők: aki énben-
nem marad, és én őbenne, az terem sok gyü-
mölcsöt, mert nélkülem semmit sem tudtok
cselekedni. Ha valaki nem marad énbennem,
kivetik, mint a lemetszett vesszőt, és megszá-
rad; ezeket összegyűjtik, tűzre vetik és elégetik.
Ha megmaradtok énbennem, és beszédeim
megmaradnak tibennetek, akkor bármit akar-
tok, kérjétek, és megadatik nektek. Az lesz az
én Atyám dicsősége, hogy sok gyümölcsöt te-
remtek, és akkor a tanítványaim lesztek."

János 15:1-8

Az agyra gyakorolt hosszú távú egészségügyi előnyök mellett sokan beszámolnak arról, hogy böjtölés közben tisztább a gondolkodásuk, gyorsabb a memóriájuk és javul a hangulatuk.[4]

FUTÓTŰZKÉNT TERJEDŐ ÉBREDÉS

„Ha megalázza magát népem, amelyet rólam
neveztek el, ha imádkoznak, keresnek engem és
megtérnek gonosz utaikról, én is meghallgatom
a mennyből, megbocsátom vétküket, és
meggyógyítom országukat."

2Krónika 7:14

2018-ban diákok felvonulást szerveztek a fegyvertartás
szabályozásának támogatása érdekében March for Our Lives
(Felvonulás az életünkért) néven. Ez a demonstráció reagálás
volt a Marjory Stoneman Douglas Gimnáziumban történt
lövöldözésre. Több mint kétmillióan csatlakoztak ehhez a
menethez. Fiatalok megragadták a fegyvertartás kérdését,
és nemzeti tiltakozássá emelték.

2019-ben, a Global Week for Future (Globális Hét a
Jövőért) során mintegy négymillió iskolás gyerek vett részt
4500 sztrájkban 150 országban, hogy előmozdítsák az éghaj-
latváltozás elleni küzdelem ügyét. Azt követelték, hogy a
politikai vezetők kényszerítsék a fosszilis tüzelőanyag-ipart
a megújuló energiákra való átállásra. Ezt egy tizenhét éves
svéd klímaaktivista, Greta Thunberg robbantotta ki az előző
évben, aki péntekenként lógott az iskolából, hogy sztrájkoljon
a klímaváltozás ellen. Őrület, ahogy ezt az egészet gyerekek

kezdeményezték és vezették, és az, ahogyan felkeltették a világ figyelmét.

Éppen tavaly, a COVID-19 világjárvány idején, George Floyd halála miatt, hatalmas demonstrációk zajlottak az Egyesült Államokban, több mint tizenötmillió ember részvételével. Ezt az Egyesült Államok története legnagyobb mozgalmának tartották. Számtalan helyen voltak tiltakozások, lázadások, fosztogatások. Mindez akkor történt, amikor az egész világot lezárták – a vállalkozások bezártak, a gyülekezetek karanténban voltak, és világszerte mindenhol távolságtartást követeltek tőlünk. A nagy tömegrendezvényeket betiltották, de ezek a témák annyira fontosak voltak az Egyesült Államok lakossága számára, hogy figyelmen kívül hagyták a COVID-19-re vonatkozó korlátozásokat. A legtöbb kormányzó tehetetlenül figyelte az eseményeket.

Micsoda példái annak, amikor futótűzként terjed valami! A mai nap üzenetével nem az a célom, hogy társadalmi kérdésekkel foglalkozzam, noha ezek is fontosak, és a Biblia említi is őket. Isten azt akarja, hogy az ébredés futótűzként terjedjen. Ha a fegyverekkel, az éghajlattal és a rendőrségi lövöldözéssel kapcsolatos kérdések ilyen tempóban képesek terjedni, mennyivel inkább kell az üdvösség üzenetének ugyanolyan módon terjednie?

Ez már korábban is megtörtént. Az ébredés pontosan így terjedt az első nagy ébredés idején Amerikában, amikor Jonathan Edwards és George Whitefield prédikált. Azt mondják, hogy az amerikai gyarmatosítók nyolcvan százaléka hallotta George-ot személyesen prédikálni, pedig akkoriban még nem volt televízió vagy rádió. A második nagy ébredés idején minden tizenötödik amerikai valamilyen evangéliumi gyülekezethez tartozott. Ugyanez a futótűz terjedt az üzletemberek ébredésekor, a Polgárháborús ébredés alatt, a városi megújulás időszaka alatt és az Azusa utcai ébredés idején is. Az evangélium üzenete futótűzként terjedt. Ez megismétlődött a késői eső ébredéskor és a gyógyító ébredés idején, Bill Bright felemelkedése idején a Campus Crusade for Christ szolgálattal, valamint Billy Graham evangelizációi alatt. A futótűzként terjedő ébredés nem újdonság, már korábban is megtörtént, és Isten újra meg akarja tenni. Több volt ez annál, hogy a család, a gyülekezet és a közösség érintést kap – amikor az ébredés futótűzként terjed, az hatással van az egész nemzetre.

Amikor a „futótűzként terjedő ébredés" kifejezést használom, nem egyes tiltakozásokra, felvonulásokra vagy az alkotmány néhány reformjára gondolok. Mindannyian hallottunk a Jézus-mozgalom, a torontói áldás és a Brownsville-i ébredés hatásáról, amelyek maradandóan ott hagyták lenyomatukat a világon. Istent sokkal inkább érdekli a szívek megváltoztatása, mint csupán néhány ország törvényének megreformálása.

Isten receptet adott nekünk a széles körben, futótűzként terjedő ébredésekhez. Ez a recept nem új. Amikor az ég bezár, az eső megszűnik, lesújt az aszály, a sáskák mindent felemésztenek és járvány tombol, ez kellő motiváció szokott lenni az Isten keresésére. Talán a te életedre és szolgálatodra is lesújtott a szellemi szárazság időszaka vagy valamilyen démoni támadás. De Isten megadta azt a mintát, amely megváltoztathatja a szellemi légkört az életedben.

A fejezet elején olvashattad a 2Krónika 7:14-et. Íme az ott található recept:

Ha népem...

Ez azt jelenti, hogy a megújulás nem a világtól függ, hanem az Ő egyházától.

megalázza magát...

Amint már megbeszéltük, a böjt az alázatossághoz vezető bibliai út. Arra bátorítalak, hogy ne várd meg, hogy Isten alázzon meg. Engedelmeskedj az Ő utasításainak, és alázd meg magad. Isten népe vagy megalázza magát, vagy Ő fog minket térdre kényszeríteni.

imádkozik...

A böjtnek buzgó imádkozáshoz kell vezetnie. A gyülekezeteknek ismét az imádság házává kell válniuk.

keresi az én arcomat...

Ez azt jelenti, hogy hagyjuk figyelmen kívül e világ zavaró tényezőit és keressük Isten arcát.

Megtérnek gonosz utaikból...

A böjt, az imádság és az istenkeresés megszentelődéshez vezet. A bűnbánat és a gonosz utakból való megtérés mindig az alázat és az imádság eredménye.

És most következzen Isten ígérete:

Én is meghallgatom a mennyből, megbocsátom vétküket, és meggyógyítom országukat.

A menny nem fog szellemi esőt hullatni, amíg a föld nem árasztja ki a bűnbánat imáit. Ha a föld nem fordul bűnbánattal Isten felé, a mennynek nem lesz esője, amit adhatna. Isten nem elégszik meg a megbocsátással, hanem megígéri, hogy meggyógyítja földünket. Isten megújulást akar hozni az életünkbe, a közösségeinkbe és a nemzetekbe. Azt akarja, hogy az ébredés rajtunk keresztül ismét futótűzként terjedjen.

Böjtölésünk vezessen minket bűnbánatra, hogy Isten ébredést indíthasson!

Ima

Uram, részese akarok lenni annak, amit Te itt a földön tenni akarsz. Tisztítsd meg a szívemet. Megbánok minden rejtett bűnt, minden gőgöt és gonoszságot, ami bennem rejtőzik. Elfordulok mindentől, ami nem tetszik Neked. Kérem, hogy Te légy a legnagyobb vágyam, és hogy ismét hozz ébredést az életembe, az otthonomba és a nemzetembe.

Kérdések elmélkedéshez a mai napra

Igék a mai napra:

„Ha majd bezárom az eget, és nem lesz eső, vagy parancsolok a sáskáknak, hogy tarolják le a földet, vagy ha dögvészt bocsátok népemre, de megalázza magát népem, amelyet rólam neveztek el, ha imádkoznak, keresnek engem és megtérnek gonosz utaikról, én is meghallgatom a mennyből, megbocsátom vétküket, és meggyógyítom országukat."

2Krónika 7:13-14

„Nem akarsz új életet adni nekünk, és örömöt szerezni népednek?"

Zsoltárok 85:7

„Tiszta szívet teremts bennem, Istenem, és az erős lelket újítsd meg bennem!"

Zsoltárok 51:12

„Tartsatok tehát bűnbánatot, és térjetek meg, hogy eltöröltessenek a ti bűneitek; hogy eljöjjön az Úrtól a felüdülés ideje, és elküldje Jézust, akit Messiásul rendelt nektek."

ApCsel 3:19-21

A negyedik szakasz valamikor a 16. nap körül következik be, és a böjt teljes további időtartama alatt folytatódik. Bár ezen a ponton túl még lehetnek változások, de innentől kezdve nagyrészt kiegyensúlyozottnak fogod magad érezni.[1]

VIDD VÉGIG, NE ADD FEL IDŐ ELŐTT

> „Ama nemes harcot megharcoltam, futásomat elvégeztem, a hitet megtartottam."
>
> 2 Timóteus 4:7

A korona annak jár, aki célba ér, nem pedig annak, aki elindul a versenyen. Sok ember belefog valamibe, de aztán félbehagyja. Nagyon jól tudnak kezdeni, de nem bírják ki a célig. Valószínűleg te is ismersz olyan embert, aki mindig diétázik, de amint meglát egy sütit, rögtön abba is hagyja. Az ilyen emberek eldöntik, hogy egy év alatt elolvassák a Bibliát, de Mózes 3. könyvénél megállnak. Elkezdenek írni egy blogot, elindítanak egy YouTube-vlogot, vagy elkezdenek írni egy könyvet, majd abbahagyják. Elkezdeni, majd félúton abbahagyni olyan szokássá válhat, amely életed minden területén követni fog.

Ugyanez történhet a böjtöléssel is. Sok embernek megvan az a szokása, hogy nem fejezi be a böjtjét. Ha úgy döntenek, hogy huszonegy napig böjtölnek, akkor a tizenkilencedik napon abbahagyják. Ha háromnapos böjtöt kezdenek, a második napon abbahagyják. Nem bűntudatot akarok kelteni azokban, akik abbahagyják a böjtöt a céljuk elérése előtt, hanem arra törekszem, hogy fejlesszem bennetek a célba érkező „győztes" gondolkodásmódját. Alakíts ki jó szokásokat a böjt tekintetében, és ezek át fognak terjedni életed minden területére. Ne hagyd abba a böjtöt – fejezd be! Ne légy olyan, aki feladja, vidd végig, amit elkezdtél.

Jézust hitünk *bevégzőjének* nevezik, nem csak szerzőjének. Ő a példaképünk, hogy a teljes győzelemért harcoljunk, és ne elégedjünk meg a részleges győzelemmel. El sem tudom mondani, hány emberrel találkoztam, akik elkezdtek könyvet írni, de nem fejezték be. Mintha normális lenne valamit elkezdeni, aztán félbehagyni. Tehát a böjt nagyszerű terep annak a szokásnak a kialakításához, hogy végigviszed, amit elkezdtél és eltökéltél. Teljesítsd a böjtöt, ne hagyd abba, ha nehéz. Csak akkor hagyd abba, ha végeztél azzal, amit eltökéltél. Jézus még a kereszten is úgy kiáltott fel, hogy elvégeztetett, amikor megcselekedte, amiért jött! Túl sok ember száján jönnek ki a következő szavak: „Túl nehéz! Abbahagyom!"

Van egy történet egy királyról, aki eljött Elizeushoz, amikor a próféta a halálos ágyán feküdt. Elizeus utasította, hogy fogja meg a nyilait, és kezdje el ütni a földet. A király háromszor megütötte a földet, majd abbahagyta. Ez feldühítette a prófétát, és azt mondta: „Ötször vagy hatszor kellett volna *ütnöd, akkor végleg levernéd Arámot! Így azonban csak háromszor vered meg Arámot"* (2Királyok 13:19). Érdekelne, hány embernek van ilyen hozzáállása: háromszor próbálkoznak, aztán abbahagyják. Megállnak, ha elfáradnak. Leállnak, ha elvesztik érdeklődésüket vagy motivációjukat. Abbahagyják, ha nehéz lesz. De túl korán abbahagyják. Ezért nem járhatnak teljes győzelemben, mert csak részleges az elkötelezettségük.

Ima

Uram, köszönöm az erőt, amit adtál, hogy idáig böjtöljek. Imádkozom, hogy miközben folytatom, törd le rólam és az elmémről a korlátokat. Uram, tárd fel előttem életem bármely olyan területét, ahol nehezen tudom befejezni, amit elkezdek, és adj erőt a befejezéshez. Változtasd meg a gondolkodásmódomat, hogy határozott és megingathatatlan legyek. Add, hogy legyen súlya a szavaimnak, és hogy beszédemben az „igen" igen legyen, a „nem" pedig nem.

Kérdések elmélkedéshez a mai napra

Milyen területen érzed szükségét a változásnak vagy a növekedésnek? Hogyan tudod ezt a gyakorlatban megvalósítani?

Igék a mai napra:

> „Nézzünk fel Jézusra, a hit szerzőjére és beteljesítőjére, aki az előtte levő öröm helyett – a gyalázattal nem törődve – vállalta a keresztet, és Isten trónjának a jobbjára ült."

Zsidók 12:2

> „Boldog ember az, aki nem jár a bűnösök tanácsa szerint, nem áll a vétkesek útjára, és nem ül a csúfolódók székére, hanem az Úr törvényében gyönyörködik, és az ő törvényéről elmélkedik éjjel-nappal. Olyan lesz, mint a folyóvíz mellé ültetett fa, amely idejében megtermi gyümölcsét, és nem hervad el a lombja. Minden sikerül, amit tesz."

Zsoltárok 1:1-3

> „Utoléri a bűnöst az, amitől retteg, az igazak kívánsága pedig teljesül."

Példabeszédek 10:24

> „De hittel kérje, semmit sem kételkedve, mert aki kételkedik, az olyan, mint a tenger hulláma, amelyet a szél sodor és ide-oda hajt. Ne gondolja tehát az ilyen, hogy bármit is kaphat az Úrtól, a kételkű és minden útján állhatatlan ember."

Jakab 1:6-8

„Akkor Jézus ezt mondta tanítványainak: Ha valaki énutánam akar jönni, tagadja meg magát, vegye fel a keresztjét, és kövessen engem!"

Máté 16:24

„Én vagyok a szőlőtő, ti a szőlővesszők: aki énbennem marad, és én őbenne, az terem sok gyümölcsöt, mert nélkülem semmit sem tudtok cselekedni."

János 15:5

„Ama nemes harcot megharcoltam, futásomat elvégeztem, a hitet megtartottam."

2Timóteus 4:7

Azok számára, akik eddig eljutottak, nem lesz drasztikus változás a testi közérzetükben, és ez a böjt ezen szakaszában így normális. Ehelyett általában állandó egyensúly áll be.[1]

MILYEN ÉBREDÉSBEN ÉLÜNK?

> „Én törvény nélkül éltem egykor. Amikor azonban eljött a parancsolat, a bűn életre kelt, én pedig meghaltam."
>
> Róma 7:9

Havi egymilliárd aktív felhasználójával az Instagram a világ egyik legnépszerűbb közösségi platformja. A közelmúltban az Instagram frissítést adott ki felhasználóinak, ami által képesek úgy követni valakit, hogy közben elnémítják történeteit és bejegyzéseit. Más szóval, azzal, hogy követni kezded őket, azt az üzenetet küldöd, hogy valóban érdeklődsz irántuk, de valójában elnémítottad őket, és egyszerűen nem látsz semmit abból, amit közzétesznek. Én leszek az első, aki beismeri bűnét, de nagyon örültem ennek az új funkciónak. Sok embert gyorsan le is némítottam. Bevallom, nincs elég bátorságom a követés megszüntetéséhez, de arra sincs elég időm vagy türelmem, hogy tartsam velük a lépést.

Egyszer imában a Szent Szellem rámutatott arra, hogy nagyon sok hívő ugyanígy követi az Urat. Nyilvánosan azt állítják, hogy követik Őt, de a magánéletükben elnémítják a hangját. Vallják Jézust, de nem engedik, hogy Jézus birtokba vegye, vezesse, betöltse vagy megváltoztassa őket. A hangja „néma" üzemmódban van az életükben. Nem arról van szó, hogy Isten nem beszél; arról van szó, hogy ők előre eldöntötték, hogy figyelmen kívül hagyják Isten bizonyos „posztjait". A böjt túl radikális. Az imádkozás túl unalmas. A bibliaolvasás egyszerűen nem érdekes. Hitük megosztása túl kínos. A helyi gyülekezetben való szolgálat túlságosan időigényes. Ja, és az adakozás – ezt nem engedhetik meg maguknak, mivel túl sok számlájuk és adósságuk van. „Követik" Jézust, de elnémítják Barátjukat, aki nagyon szereti őket.

Ezek az emberek olyanok, mint a víz nélküli kutak, eső nélküli felhők, langyosak, se nem melegek, se nem hidegek. Az ilyen emberek döntésképtelenek. A világ hatással van rájuk, ezért nem tudják odaszánni magukat teljesen az Istennek, viszont Isten is hatással van rájuk, és emiatt nem is tudják teljesen átadni magukat a világ élvezeteinek. Milyen üres módja ez a kereszténység megélésének!

Pál ezt írta a rómaiaknak írt levelében: *„a bűn életre kelt, én pedig meghaltam"*. Pál természetesen Isten szigorú parancsolatairól és arról beszélt, hogy ezeknek nincs hatalmuk életet és szentséget teremteni. A bűn újjáéledt az óemberrel és a bűntudattal együtt. Pál életében a bűn ébredt fel, és ez az ébredés halált hozott.

Mi lenne, ha azt mondanám neked, hogy vannak olyanok, akik ébredésben élnek, de ez az ébredés az ő bűnös énjüket keltette fel, nem pedig a szellemüket? Lehetséges, hogy a szórakozás ébredt fel az életedben, és nem az imaéleted? Lehetséges, hogy a vágy éledt újjá, és nem a tisztaságod? Lehet, hogy az áttörést a lustaságod élte át a fegyelem helyett. Megtörténhet, hogy valaki ébredést él át, de az a valódi kérdés, hogy mi az, ami újjáéledt? Mi az, ami tűzbe hoz?

Amikor a bűn újraéled, meghalsz. Amikor a szellemed újjáéled, a bűn hal meg.

A szellemi ébredés a legjobb védelem a bűnben élés ellen. A legjobb módja annak, hogy véget vessünk a bűn elleni küzdelemnek, ha a Szent Szellemnek való önátadás életét választjuk. Azt a szenvedélyt, amellyel az ördögöt szolgáltad, most Isten szolgálatára fogod használni. Vannak, akik ezt radikálisnak nevezik, de én helyettesítőnek tekintem. Ha korábban olyan dolgokra fordítottad az idődet, a pénzedet és az életedet, amelyek csak üresen és beteljesületlenül hagynak téged, mennyivel inkább kellene teljes erőbedobással szolgálni az Urat? Soha nem fogod tudni, hogy Isten mit készített számodra, amíg nem adod magad hozzá teljesen. Sok ember csalódott már Jézusban, mert teljes idejű áldásokat várnak, miközben részmunkaidős hívőként élnek. Ne félj attól, hogy mibe fog kerülni, Jézus méltó mindarra, amit félsz elveszíteni.

Pál azzal kezdte a verset, hogy *„Én törvény nélkül éltem egykor"*. Téged mi jellemez? Egykor égtél Jézusért? Egyszer tűzben voltál? Nagy szenvedélyed volt az Úr iránt? De mi történt? Bizonyos vágyak, szenvedélyek vagy önző érdekek eltérítettek? Lehet, hogy a te esetedben ez egy barátnő volt, vagy az egyetem, vagy a karrier vagy a család. Néha a jó dolgok vonják el figyelmünket Isten legjobb terveiről. Még a szolgálat is lehet az, ami elvonja figyelmünket Jézusról. Akárcsak Márta esetében, a mások szolgálata sok fölösleges aggodalmat és elfoglaltságot okozhat.

Nem az a célom, hogy kárhoztassalak, hanem az, hogy felébresszem Jézus iránti szeretetedet. Új szenvedélyt akarok felkelteni benned az Ő jelenléte iránt, hogy valóban az Ő céljait akard követni az életedben. Az én imádságom érted az, hogy úgy szeresd Jézust ma, mint soha ezelőtt. Ma van a szellemed, az imaéleted és az odaszentelésed ébredésének napja. Ideje lerombolni a bűn ébredését, és beleállni a Szent Szellem ébredésébe. Hozz döntést, és kövesd teljes erőbedobással Istent. Nyisd meg magad Isten hangjára, és hallgass a Szent Szellem meggyőzésére, ne elégedj meg pusztán a nyelveken szólással. Legyen ez az új életstílusod, és ne csak egy pillanatnyi fellángolás. Lépj ki óembered kerékvágásából, és ébredj fel a szellemedben!

Ima

Istenem, nem akarom, hogy bármi is újjáéledjen az életemben, ami nem Tőled származik. Ébressz bennem új szeretetet irántad, ébressz bennem szenvedélyt Igéd iránt, ébressz bennem szeretetet az elveszettek iránt. Ölj meg mindent, ami megpróbál eltéríteni attól, hogy teljes szívemből kövesselek Téged.

Kérdések elmélkedéshez a mai napra

Hogy néz ki számodra a megújult szellemi élet? Hogyan tudod meggyújtani vagy feléleszteni magadban ezt a tüzet?

Igék a mai napra:

„Én törvény nélkül éltem egykor. Amikor azonban eljött a parancsolat, a bűn életre kelt, én pedig meghaltam."

Róma 7:9

„Illés pedig odalépett az egész nép elé, és így szólt: Meddig sántikáltok még kétfelé? Ha az Úr az Isten, kövessétek őt, ha pedig Baal, akkor őt kövessétek! De a nép nem felelt egy szót sem."

1Királyok 18:21

„Ezek víztelen források, forgószéltől sodort ködfoszlányok, akiknek a sötétség homálya van fenntartva."

2Péter 2:17

„De az a panaszom ellened, hogy nincs meg már benned az első szeretet."

Jelenések 2:4

„Paráznák, nem tudjátok-e, hogy a világgal való barátság ellenségeskedés Istennel? Ha tehát valaki a világgal barátságot köt, ellenségévé válik Istennek. Vagy azt gondoljátok, hogy az Írás ok nélkül mondja: 'Irigységre kívánkozik a lélek, amely bennünk lakozik?'"

Jakab 4:4-5

„Most azért az Urat féljétek, és őt szolgáljátok hűen és feddhetetlenül! Távolítsátok el azokat

143

az isteneket, amelyeket atyáitok szolgáltak a folyamon túl, meg Egyiptomban, és az Urat szolgáljátok! De ha nem tetszik nektek, hogy az Urat szolgáljátok, válasszátok ki még ma, hogy kit akartok szolgálni: akár azokat az isteneket, akiket atyáitok szolgáltak a folyamon túl, akár az emóriak isteneit, akiknek most a földjén laktok. De én és az én házam népe az Urat szolgáljuk!"

Józsué 24:14-15

A böjt befejezésének módja döntő fontosságú. Attól függően, hogy mennyi ideig és hogyan böjtöltél, lehet hogy lassan kell visszatérned a szilárd ételek fogyasztásához. A gyümölcslevek, főtt zöldségek és húslevesek segíthetnek hozzászoktatni a szervezetedet és az emésztőrendszeredet az evéshez, ahogy a belső mechanizmusok újra működésbe lépnek.[1]

SZŐLŐTŐL A DICSŐSÉGIG

> „Anyja így szólt a szolgákhoz: Bármit mond
> nektek, tegyétek meg!"
>
> János 2:5

A negyven napos böjt alatt a Szent Szellem tanított nekem valamit az első csodáról, amit Jézus végrehajtott, és szeretném ezt megosztani veletek.

Jézus a vizet borrá változtatta, ami hihetetlen és emberileg lehetetlen csoda. A szőlővel ellentétben a víz nem rendelkezik azzal, ami ahhoz kell, hogy bor legyen belőle. A szőlő idővel és bizonyos folyamatok során borrá változik, de a víz csak csoda folytán válhat borrá. Ennek a csodának volt egy kulcsfontosságú összetevője – mégpedig az engedelmesség. Amikor a szolgák engedelmeskedtek Jézusnak, Isten borrá változtatta a vizet.

Ha hajlandó vagy szolga lenni és engedelmeskedni Jézusnak, Isten ugyanezt fogja tenni az életedben. Előfordulhat, hogy nem rendelkezel megfelelő végzettséggel ahhoz, hogy sikeres légy. Lehet, hogy nincsenek megfelelő kapcsolataid ahhoz, hogy vidd valamire az életben. Lehet, hogy nehéz körülmények közé születtél, vagy nagyon mostohán bánt veled a sorsod. Lehet, hogy mindig rossz volt az időzítés. A kérdés nem az, hogy rendelkezel-e a szükséges képességekkel, az igazi kérdés a következő: hajlandó vagy-e megtenni, amit Ő mond? Ha nincsenek meg a megfelelő feltételek az életedben, akkor tedd azt, amit Ő mond. Látni fogod, ahogy Isten elveszi gyengeségeidet, és erővé változtatja azt: fogja a vizet és borrá változtatja.

A pénzügyek terén való engedelmesség felszabadítja Isten csodáit. Ha azt tesszük, amit Isten mond a szolgálat területén, akkor ezzel elnyerjük az Ő áldásait. Ha nincs meg benned, ami a sikerhez kell, akkor tegyél meg mindent, ami ahhoz kell, hogy a Szent Szellem engedelmes szolgája légy. A Szent Szellemnek való engedelmesség néha nevetségesnek tűnhet, de ez a radikális csodák kulcsa. Amit a szolgák csináltak, az őrültség volt – de csak addig volt őrültség, amíg a csoda meg nem történt!

Bár a szőlőnek megvan a potenciálja arra, hogy borrá váljon, csak akkor fog borrá válni, ha hajlandó átmenni a présen. Ó, mennyire utáljuk a prést! Vannak tehetséges és ügyes emberek; én csak szőlőnek hívom őket. Isten a szőlőt borrá akarja változtatni. Tovább akar vinni téged, és fel akarja szabadítani az Ő kenetét az életedben. Ez csak akkor történhet meg, ha hagyjuk magunkat összezúzni.

Jézus tett egy másik csodát is, amikor szembesült az éhező emberek tömegével. Átvette a neki adott kenyeret és megáldotta. Miután megáldotta, megtörte. Csak ezután vált áldássá a sokaság számára és hagyott maga mögött sok maradékot. Amit Isten megtör, azt áldássá változtatja.

Isten az áldott állapotból el akar téged juttatni oda, hogy te válj mások számára áldássá, és ez az összetörés és az összezúzás folyamatán keresztül valósulhat meg. Ha összetörik a büszkeségünk, az egónk, az önzésünk és a bűnös hajlamaink, ez megnyitja az utat ahhoz, hogy áldássá váljunk a világ számára. Megmaradhatsz olyannak, amilyen vagy: az életedre gyakorolt befolyás és kegyelem bizonyos mértékű ajándékával, vagy továbbléphetsz azáltal, hogy megengeded a Szent Szellemnek, hogy eljuttasson egy olyan állapotba, ahol alázatos és megtört lesz a szellemed (Ézsaiás 66:2). Nem bántalmazásról vagy az önmagunk okozta szenvedésről beszélek. Vegyük például Józsuét. Tudta, hogy Izrael fiai csak úgy láthatják meg Isten csodáinak új szintjét, ha ma elkezdik megszentelni magukat: *„Józsué pedig így szólt a néphez: Szenteljétek meg magatokat, mert holnap csodákat tesz közöttetek az Úr"* (Józsué 3:5). A mai napi megszentelődés hozza el a holnap sikerét. A mai nap böjtje hozza el a holnap jóindulatát. A mai imák hozzák el a holnap erejét.

Olyan vagy, mint a víz, amelyet Isten borrá akar változtatni? Vagy olyan vagy, mint a szőlő, amit Isten borrá akar változtatni? Akárhogy is, az engedelmesség és az odaszentelés a Szent Szellem új szintjeihez vezető út. Ha szőlőként elérsz egy bizonyos szintet Istennel, de nem vagy hajlandó tovább növekedni a megszentelődésben, akkor egy idő után kiszáradsz. A szőlő idővel mazsolává válik, elveszíti a levét. Az idő önmagában nem változtatja borrá a szőlőt; a prés teszi ezt. Az idő maximum mazsolává változtatja a szőlőt. Ha nem szenteled meg az életedet, az idő mazsolává változtat, nem borrá. Az idő nem változtatja a tehetségeket dicsőséggé. Ha Isten kiválasztott szőlője vagy, de elutasítod a prést, akkor kiszáradt mazsola leszel. Válaszd a kereszt útját. Add át magadat annak a szenvedésnek, amely a Szent Szellemmel való engedelmességet követi.

Ne feledd: Jézus méltó mindarra, amit félsz elveszíteni. Ne imádkozz azért, hogy nagyobb és jobb szőlővé válj; add át magad, hogy bor lehess! Ha kiszáradtál, ha abbahagytad önmagad átadását, ha ajándékaid a bálványoddá váltak, menj vissza és térj meg. Telj be az Élő Víz folyamaival.

Ima

Atyám, köszönöm neked, amit ezen a böjtön keresztül teszel bennem. Engedélyt adok neked, hogy megtörj bennem minden büszkeséget és makacsságot. Törj össze minden félelmet, amely megakadályoz abban, hogy teljesen engedelmeskedjem Neked. Átadom Neked az akaratomat. Szeretnék engedelmeskedni Neked még a legkisebb ügyekben is. Add meg nekem a kegyelmet, hogy követhesselek Téged. Emlékeztess azokra a szavakra, amelyeket legutóbb mondtál nekem, és adj bátorságot az engedelmességhez, bármi áron.

Igék a mai napra:

„Józsué ezt mondta a népnek: Szenteljétek meg magatokat, mert holnap csodákat tesz köztetek az Úr."

Józsué 3:5

„Egy nagy házban pedig nemcsak arany- és ezüstedények vannak, hanem fa- és cserépedények is, amazokat megbecsülik, emezek pedig közönséges használatra valók. Ha tehát valaki megtisztítja magát ezektől, megbecsült, megszentelt edény lesz, az Úrnak is hasznos, és minden jó cselekedetre alkalmas. Az ifjúkori kívánságot pedig kerüld! Törekedj viszont az igazságra, a hitre, a szeretetre, a békességre azokkal együtt, akik tiszta szívből hívják segítségül az Urat."

2Timóteus 2:20-22

„Bizony, bizony, mondom nektek: ha a földbe vetett búzaszem nem hal meg, egymaga marad; de ha meghal, sokszoros termést hoz."

János 12:24

„Ő pedig vette az öt kenyeret és a két halat, feltekintett az égre, megáldotta, megtörte, és a tanítványoknak adta, hogy tegyék a sokaság elé."

Lukács 9:16

„Ezt mondja az Úr: A menny az én trónusom, a föld pedig lábam zsámolya. Milyen házat akartok építeni nekem, és milyen helyen kellene tartózkodnom? Hiszen mindent az én kezem alkotott, így keletkezett minden – így szól az Úr. Mert én arra tekintek, aki elesett és megtört szívű, és aki igéimet tiszteli."

Ézsaiás 66:1-2

A negyedik szakasz a korábbi szakaszokban megkezdett gyógyulási és tisztulási folyamatok kiterjesztése és befejezése. Minél tovább böjtölsz, annál több ideje és lehetősége van a szervezetednek a gyógyulásra és a tisztulásra.[1]

A SZERZŐRŐL

Vladimir Savchuk a HungryGen mozgalom vezetője és egy multikulturális gyülekezet lelkipásztora, amely világos, pontosan körülhatárolt jövőképpel rendelkezik: a lelkek megmentése, a gyógyulás, a szabadulás és a fiatal vezetők felnevelése. Ő vezeti az évente megrendezett „Raised to Deliver" és „Holy Spirit" konferenciákat, amelyek ezreket vonzanak a világ minden tájáról. Két különböző gyakornoki programot is vezet, az egyiket tizenéveseknek, a másikat fiatal felnőtteknek. Vlad lelkész keresett előadó különféle konferenciákon és táborokban. Nemrégiben jelent meg első könyve „Break Free" címmel a szabadságról és az elme megújulásáról.

Vlad Ukrajnában született és keresztény családban nőtt fel. Tizenhárom évesen vándorolt be az Egyesült Államokba, és tizenhat évesen lett ifjúsági lelkész. A közelmúltban nevezték ki a HungryGen Church vezető lelkipásztorává.

Vlad nős, gyönyörű felesége Lana, akivel szívesen tölti együtt az idejét, és örömmel végeznek együtt szolgálatot.

KAPCSOLATTARTÁSI LEHETŐSÉGEK

Facebook.com/vladhungrygen

Twitter.com/vladhungrygen

Instagram.com/vladhungrygen

YouTube.com/vladimirsavchuk

Ha van tanúságtételed a könyv olvasásáról, kérlek, küldje-mailt a vlad@hungrygen.com címre.

Ha szeretnél posztolni erről a könyvről a közösségi médiában, kérjük, használd a #pastorvlad vagy a #hungrygen hashtaget.

További információért látogass el a www.hungrygen.com weboldalra.